Plano de negócios
Um guia prático

COLEÇÃO **FGV** PRÁTICA

Plano de negócios
Um guia prático

José Arnaldo Deutscher

FGV
EDITORA

Copyright © 2010 José Arnaldo Deutscher

Direitos desta edição reservados à
EDITORA FGV
Rua Jornalista Orlando Dantas, 37
22231-010 — Rio de Janeiro, RJ — Brasil
Tels.: 0800-021-7777 — 21-3799-4427
Fax: 21-3799-4430
E-mail: editora@fgv.br — pedidoseditora@fgv.br
www.fgv.br/editora

Impresso no Brasil/*Printed in Brazil*

Todos os direitos reservados. A reprodução não autorizada desta publicação, no todo ou em parte, constitui violação do copyright (Lei nº 9.610/98).

Os conceitos emitidos neste livro são de inteira responsabilidade do autor.

1ª edição — 2010; 1ª reimpressão — 2014; 2ª reimpressão — 2018.

Revisão técnica: Adriana Camargo
Preparação de originais: Sandra Maciel Frank
Editoração eletrônica: FA Editoração Eletrônica
Revisão: Aleidis de Beltran, Andréa Bivar e Fatima Caroni
Capa: aspecto:design
Foto capa: © Alain Lacroix — Dreamstime.com

Ficha catalográfica elaborada pela
Biblioteca Mario Henrique Simonsen

Deutscher, José Arnaldo
    Plano de negócios : um guia prático / José Arnaldo Deutscher. — Rio de Janeiro : Editora FGV, 2010.
    144 p. : il. — (Coleção FGV Prática)

    Inclui bibliografia.
    ISBN: 978-85-225-0849-5

    1. Planejamento estratégico. 2. Negócios. 3. Gestão de negócios. I. Fundação Getulio Vargas. II. Título. III. Série.

CDD — 658.401

Sumário

Introdução	9
Plano de negócios e os investidores	10
O que os investidores buscam?	10
Plano de negócios e gestão da inovação	12
Desenvolvimento do livro	13

Capítulo 1
Plano de negócios: estágios de desenvolvimento das empresas e
fontes de financiamento 15

Fase inicial	17
Fase de decolagem	20
Fase de expansão	22
Fase de maturidade	23

Capítulo 2
O processo de elaboração de um plano de negócios 25

Resumo da oportunidade	25
Análise do mercado	26
Análise da empresa	26
Elementos do marketing e proposição de valor	27
Modelo de negócios, estratégia e plano de ação	27
Plano financeiro	27

Capítulo 3
Resumo da oportunidade 29

Novas tecnologias	30

Alteração do perfil demográfico da população	31
Alteração de comportamento da sociedade	31
Alteração legal	31
Alteração política	31
Alteração econômica	32

Capítulo 4

Análise do mercado	33
Panorama do mercado	34
Dinâmica do mercado e análise da concorrência	36
Ameaças e oportunidades	40

Capítulo 5

Análise da empresa	47
Visão	48
Missão	50
Trajetória	50
Recursos	57

Capítulo 6

Elementos do marketing e proposição de valor	67
Elementos do marketing	68
Análise do ponto de equilíbrio	79
Proposição de valor	83

Capítulo 7

Modelo de negócios, estratégia e plano de ação	89
Modelo de negócios	90
Planejamento estratégico	91
Plano de ação	93

Capítulo 8

Plano financeiro	95
Plano de investimentos	96

Projeção de resultados/demonstração de resultados do exercício	97
Fluxo de caixa	105
Valuation	107

Capítulo 9
Estabelecendo uma negociação como investidor 115

Questões básicas a contemplar no plano de negócios 115
Alguns cuidados que você deve ter 116
Estabelecendo o valor da participação dos
investidores — matérias relacionadas 117

Capítulo 10
Artigos de interesse para o empreendedor 119
A geração de riqueza a partir da universidade: o caso da Akwan 119
O caso da Ingresso.com: uma ideia na cabeça e um laptop
na mão não bastam 129
Relatório dos capitais intangíveis 134

Referências 141

Introdução

O plano de negócios é um documento de planejamento e comunicação da empresa com seus públicos interno e externo. No Brasil, o *boom* de sua utilização começou em meados da última década do século passado.

Entende-se como *público interno* os principais envolvidos na gestão — executivos e gestores das unidades de negócios.

Entende-se como *público externo* os fornecedores e clientes estratégicos, executivos que a empresa deseja contratar, investidores e demais partes interessadas (*stakeholders*).

Em relação ao público *interno,* o plano de negócios deverá ser compartilhado com toda a empresa para gerar comprometimento. Dado seu caráter estratégico, deverá ser apoiado pela alta direção — especialmente nas definições de visão, missão, definição de risco e estratégia financeira — e permear os níveis gerenciais.

Em relação ao público *externo* é usual que *fornecedores e clientes*, que participam de cadeias produtivas com alto grau de integração, queiram conhecer o plano de negócios de seus parceiros, dado que a falta de investimento de um impactará toda a cadeia produtiva.

No caso de contratação de *executivos* para a alta direção (CEOs) é normal que estes queiram conhecer os planos da empresa, especialmente nas empresas iniciais (*start-ups*), visto que a maior parte das contratações envolve cláusulas de opção de subscrição de ações (*stock options*).

As *partes interessadas* são os formuladores de políticas públicas, as incubadoras de empresas, agências reguladoras, prefeituras, centros de pesquisa, agências de inovação, entre outros. Necessitam conhecer os planos de negócios das empresas situadas em uma mesma região ou de um mesmo setor para poder formular e implementar as políticas públicas necessárias para a criação da infraestrutura de suporte ao desenvolvimento do sistema local de inovação.

10 · PLANO DE NEGÓCIOS: UM GUIA PRÁTICO

Finalmente, os *investidores* são os maiores requisitantes dos planos, não sendo realizada nenhuma negociação que envolva investimentos em empresas sem que esta apresente seu plano de negócios aos potenciais investidores.

Plano de negócios e os investidores

Qualquer empresa que deseje conseguir investidores deverá preparar e submeter a eles um plano de negócios.

O grau de credibilidade a ser transmitido determinará a percepção do seu negócio por parte dos investidores. A credibilidade está relacionada à coerência dos dados apresentados. É fundamental apresentar informações relacionadas com:

- as características do mercado;
- a visão dos empreendedores;
- a descrição do produto ou serviço;
- a estratégia de marketing a ser adotada;
- o plano de ação;
- o quadro gerencial responsável pela execução do plano.

A projeção financeira deve refletir indicadores aceitáveis de crescimento de vendas e rentabilidade, o que nem sempre ocorre; é bastante comum encontrar projeções financeiras que apresentam taxas de crescimento explosivas sem a contrapartida dos recursos financeiros para financiar este crescimento.

O que os investidores buscam?

Os fundos de *seed capital* (capital semente) e os fundos de *venture capital* (capital de risco ou capital empreendedor)[1] são criados especificamente para financiar uma empresa que tenha um projeto inovador, e participam de seu capital da empresa enquanto sócios temporários. Estes fundos estão interessados na obtenção de retorno expressivo, como uma forma de compensar o risco que assumem. Apostam no time gerencial, ou seja, confiam em que aquele grupo

---

[1] O *venture capital* foi traduzido para o português, inicialmente, como capital de risco. Outros preferiram capital empreendedor. Posteriormente a própria Associação Brasileira de Capital de Risco (ABCR) mudou seu nome para Associação Brasileira de Venture Capital (ABVCAP).

INTRODUÇÃO

seja capaz de realizar o que está sendo proposto. Querem ter certeza de que existe excelência gerencial capaz de multiplicar seus investimentos. Por mais de uma vez ouvi, de investidores, esta expressão: "apostamos no jóquei, mais do que no cavalo".

Em se tratando de um projeto tecnológico, é recomendável buscar a proteção através de patentes, do direito de uso ou licenciamento. Nessa área um dos problemas mais críticos no Brasil diz respeito à propriedade intelectual e à transferência de tecnologia. Apesar de já ter entrado em vigor a Lei de Inovação (2004), as universidades, especialmente as públicas, ainda não têm o assunto inteiramente regulamentado. Este fato vem inibindo os investidores receosos de perder parte de seus investimentos.

Os investidores buscam empresas com diferenciais competitivos claros e sustentáveis, isto é, com barreiras de entrada bem-estabelecidas e uma equipe diferenciada e comprometida. Deve haver também uma clara expectativa de demanda de mercado — os investidores fogem de projetos *technology push* (empurrados pela tecnologia), do tipo "sou uma solução em busca de um problema". O que buscam são projetos *market pull* (puxados pelo mercado).

Ao examinar a entrada em um negócio, investidores querem saber como irão sair de seu investimento com um retorno aceitável. Não se assuste, potencial empreendedor: investidores entram para alavancar a empresa (levá-la do ponto A para o ponto B) e, depois, vendê-la para um outro fundo ou para uma empresa maior (investidor estratégico). Caso sintam que os recursos de que dispõem serão insuficientes para atingir tal objetivo, não entrarão no negócio ou buscarão um coinvestidor.

Investidores examinarão com atenção as projeções financeiras, incluindo a necessidade de investimentos — também chamados de *capital expenditures* (Capex) —, as necessidades de capital de giro e o período durante o qual a empresa terá de operar com geração de caixa negativa (*burn rate*). Querem participar da gestão, ajudam a empresa através de sua rede de relacionamento (*network*) e de sua competência em gestão. Uma das regras que adotam é não tentar transformar o cientista em gestor — dificilmente dá certo.

Ainda, os investidores irão verificar se o projeto é *escalável*. Empresas de serviços do tipo *one of a kind* (cada projeto é um novo projeto) não são consideradas interessantes; eles optam por empresas de serviços se o empreendedor desenvolver uma metodologia que permita que estes sejam prestados através de terceiros, a baixo custo, através de um processo desenvolvido e protegido pelo empreendedor.

Em suma: se você tem um projeto com claro diferencial competitivo, com claras barreiras de entrada, escalável, que requeira recursos financeiros que caibam no bolso de seus investidores, e se está disposto, em algum momento, a vender sua participação acionária (o que não é sempre necessário, mas não deve ser descartada a hipótese), você é um candidato a ser um empreendedor bem-sucedido. Caso contrário, espero que este livro possa ajudá-lo a entender quais são as condições para o sucesso de seu empreendimento.

Plano de negócios e gestão da inovação

O plano de negócios é a ferramenta que suporta a gestão da inovação. Harrison e colaboradores (2001) apresentam um modelo decisório para extração de valor do capital intelectual das empresas conforme mostrado na figura 1.

Figura 1

Gerenciamento do capital intelectual

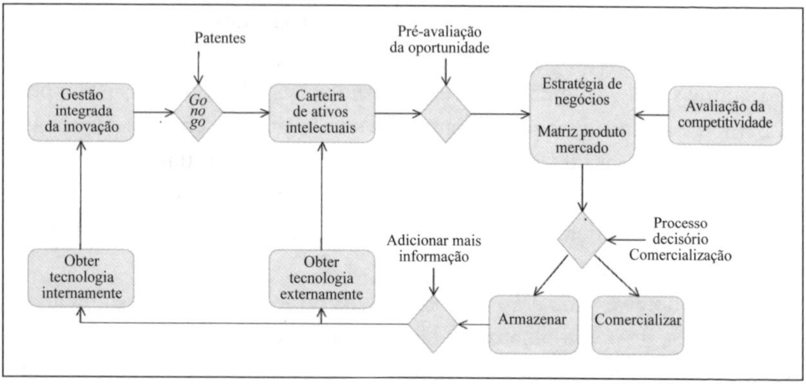

Fonte: Harrison et al., 2001.

A figura 1 é uma proposta do ICM Gathering (www.gathering2.com) para o gerenciamento da inovação a partir de uma carteira de produtos inovadores.

A primeira decisão é um go no go para a inclusão de uma determinada inovação na carteira de ativos intelectuais da empresa e a consequente decisão sobre a criação ou não de uma patente. As inovações a receber um "go" devem ser aquelas que contribuem para a consecução da estratégia da empresa.

Uma vez incluída na carteira de ativos intelectuais, a inovação passará por uma pré-avaliação, que deverá levar em conta sua competitividade, a estratégia de negócios e a matriz produto/mercado da empresa.

Passada a pré-avaliação, a empresa deverá tomar a decisão de comercializar a inovação ou armazená-la até que a incorporação de outra tecnologia a torne mais comercializável. Neste último caso, a empresa deverá determinar qual será a melhor forma de obter a nova tecnologia: internamente (desenvolvimento) ou externamente (aquisição).

Da figura 1 entendemos que a gestão da inovação é um processo que envolve, necessariamente, a elaboração de planos de negócios, sem o que o sistema se tornará ineficiente.

Fica então estabelecida, desde já, a profunda correlação entre o plano de negócios e a gestão da inovação.

Desenvolvimento do livro

O capítulo 1 apresenta uma discussão sobre os estágios de desenvolvimento das empresas e fontes de financiamento. Em cada estágio de desenvolvimento os fatores críticos de sucesso ganham pesos diferentes, bem como o tipo de investidor é diferente.

Nos estágios iniciais o foco do plano é como realizar as primeiras vendas, e o investidor poderá ser um *angel* (pessoa física), um fundo de capital semente ou até um fundo *early stage* (estágio inicial).

Se a empresa já ultrapassou o estágio inicial, o foco do plano passa para o ganho de escala e a multiplicação do canal de distribuição. O investidor já passa a ser um fundo de capital de risco (*venture capital*).

Se a empresa se encontra em estágio de maturidade, o foco do plano passa para como liderar a consolidação do setor através de compra de carteiras ou de empresas menores, ou ainda através de um processo de fusões e aquisições. Dado o alto volume de capital que isso demanda, os financiadores passam a ser os grandes fundos de *venture capital*, como, por exemplo, o BNDESPAR ou os fundos de *private equity* (capital privado).

No capítulo 2 apresentamos o processo de elaboração do plano de negócios através de um passo a passo para os capítulos seguintes.

O capítulo 3 apresenta o resumo da oportunidade, onde o empreendedor deve explicar que oportunidade justifica a apresentação do plano de negócios. Em alguns modelos corresponde ao sumário executivo. Deve ser claro e conciso, e motivar a leitura do plano. Lembre-se de que investidores costumam receber dezenas de planos de negócios por mês, e seu filtro inicial é através do resumo da oportunidade (ou do sumário executivo).

14 PLANO DE NEGÓCIOS: UM GUIA PRÁTICO

O capítulo 4 traz um modelo de análise de mercado que mostrará as tendências e a dinâmica, desembocando em um quadro de oportunidade e ameaças.

No capítulo 5 mostramos uma abordagem dos ativos tangíveis e intangíveis, além das competências dos empreendedores para dar conta da oportunidade. É uma abordagem de valor baseada em recursos (VBR) e apresentamos a experiência do Centro de Referência em Inteligência Empresarial da Coppe/UFRJ (Crie) na elaboração do *rating* e do Relatório de capitais intangíveis para o BNDES. Ao final do capítulo apresentamos um quadro de forças e fraquezas para dar conta da oportunidade em uma abordagem de *gap analysis* (análise de hiato).

O capítulo 6 é reservado à discussão dos elementos do marketing estratégico — baseado em Kotler e Ansoff — e discussões de proposição de valor.

Partindo da proposição de valor, apresentamos, no capítulo 7, os conceitos de modelo de negócios, estratégia de atuação e plano de ações. Este último está baseado em um caso hipotético que vem sendo desenvolvido nos cursos de MBA de gestão da saúde da Fundação Getulio Vargas.

O capítulo 8 apresenta a modelagem financeira: projeções de receita, margens, lucros, fluxo de caixa e cálculo do valor da empresa (*valuation*).

O capítulo 9 orienta o empreendedor sobre como negociar com o investidor e está baseado na experiência do autor em sentar-se dos dois lados da mesa — tanto orientando empresas a receber investimentos quanto atuando como gestor de fundos de investimento.

Finalmente, no capítulo 10, o leitor encontrará dois casos de empreendedorismo publicados na revista *Inteligência Empresarial*, editada pelo Crie, além de um artigo sobre "Relatório de capitais intangíveis", de autoria do professor Marcos Cavalcanti. O primeiro caso conta a experiência da mineira Akwan — empresa que nasceu no Departamento da Ciência da Computação da UFMG, recebeu aporte de recursos de investidores anjos e foi adquirida pela Google. O segundo caso conta a trajetória da Ingresso.com, empresa de venda de ingressos pela internet, nascida na PUC-Rio, que recebeu aporte de investidores anjos e foi adquirida pela Submarino.com.

CAPÍTULO 1

Plano de negócios: estágios de desenvolvimento das empresas e fontes de financiamento

Neste capítulo trataremos de como se dá o financiamento das empresas nas suas diferentes fases, dentro do seu ciclo de vida. A elaboração de um plano de negócios será sempre necessária e deverá considerar o estágio de crescimento da empresa e suas fontes de financiamento.

Com relação aos *estágios de desenvolvimento das empresas* usaremos, neste livro, a seguinte taxonomia.

❑ *Negócios em fase inicial* — são empresas iniciais (*start-ups*), muitas das quais sem nenhum faturamento. Em empreendimentos de base tecnológica o mais comum são os laboratórios de universidades ou de centros de pesquisa, que desenvolveram um novo conhecimento e desejam construir um produto e uma nova empresa para levá-lo ao mercado. É a transformação de ciência em aplicação comercial. Estes empreendimentos são usualmente financiados pelo capital semente (*seed capital*) ou por agências de inovação (Finep e fundos de amparo à pesquisa — FAPs). O capital semente financia todo o projeto enquanto as agências de inovação financiam, basicamente, a pesquisa e desenvolvimento (P&D). Para projetos de menor intensidade tecnológica as agências de desenvolvimento, entre elas o Sebrae, também exigem um plano de negócios, ainda que simplificado. O desafio do capital semente é transformar a pesquisa científica em tecnologias que possam ser comercializadas.

❑ *Negócios já existentes* — estes podem estar nas fases de *decolagem, expansão* ou *maturidade*, e cada uma tem características e desafios próprios. Estas fases são basicamente financiadas pelo capital de risco (*venture capital*), capital privado (*private equity*) ou por financiadores. Observe a figura 2

Figura 2
Ciclo de vida de um empreendimento

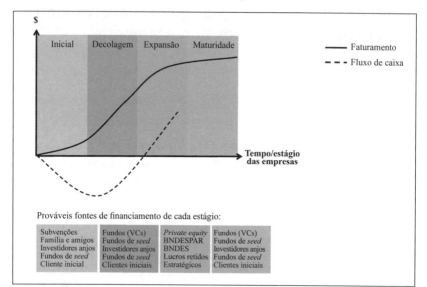

Ela descreve o ciclo de vida de um empreendimento, desde o seu nascimento até a sua maturidade, mostrando os estágios de desenvolvimento das empresas (inicial, decolagem, expansão e maturidade). Descreve, também, suas prováveis fontes de financiamento. A linha cheia representa o faturamento (curva S), enquanto a linha tracejada apresenta a curva do fluxo de caixa do empreendimento e é conhecida como curva J. Note que nos períodos iniciais esta é negativa (*burn rate*), o que justifica a necessidade de aporte de recursos dos investidores.

Cabe, ainda, um esclarecimento: com relação ao estágio de desenvolvimento das empresas e dos mercados estamos adotando, neste capítulo, duas pressuposições:

❑ as empresas iniciais de base tecnológica (*start-ups*) são inovadoras agressivas, que lideram a introdução de novas tecnologias no mercado, geralmente atuando na fronteira do conhecimento (*technology breakthrough*). Não estamos admitindo que empresas *start-ups* atuem em mercados em expansão ou em mercados maduros com produtos não inovadores, pois não teriam recursos

Plano de Negócios 17

para deslocar as empresas maiores (*incumbents*).[2] Tampouco é suposto que os investidores financiassem tal tipo de plano de negócios;

❑ essas empresas maiores aguardarão a definição do padrão e o início de uma adoção mais forte da nova tecnologia para, então, se posicionar. Elas são muito grandes para entrar na fase pré-paradigmática e, assim, preferem esperar o padrão vencedor se definir para adquirir as *start-ups*. Para o investidor de capital semente ou *early stage,* representam a saída para seus investimentos, sendo então denominadas investidores estratégicos.

Apresentadas estas duas pressuposições, retomamos o desenvolvimento do capítulo.

Fase inicial

A fase inicial é marcada por grandes incertezas tecnológicas e mercadológicas, visto que os potenciais empreendedores ainda não têm clareza sobre a maior parte das questões que lhe serão formuladas pelos investidores. Geralmente trata-se de pesquisadores que desenvolveram desde um novo dispositivo até uma nova plataforma tecnológica na fronteira do conhecimento e a querem levar ao mercado. Este movimento, conhecido como *technology push* (tenho uma tecnologia e agora vou procurar o mercado), é muito comum na maior parte dos planos de negócios elaborados por empresas deste segmento, nos quais muita atenção é dada à tecnologia e pouca atenção é dada ao mercado. Bill Davidow, investidor em empresas em estágio inicial (*start-ups*) no Vale do Silício, propõe a seguinte lista de questões que devem ser respondidas pelos candidatos ao apresentar um plano de negócios:[3]

1. Que problema você irá resolver?
2. Quem, atualmente, tem este problema?
3. Qual o tamanho do mercado potencial?
4. Como a concorrência está reagindo?

---

[2] *Incumbent* é o titular. No jargão da inovação é a empresa que detém uma grande participação de mercado.

[3] Ver "Submitting a plan", disponível em <www.mdv.com/submit_plan.html>. Acesso em: out. 2009.

18   PLANO DE NEGÓCIOS: UM GUIA PRÁTICO

5. Como você irá resolver o problema?
6. Qual a sua vantagem competitiva?
7. Quais são as implicações financeiras?
8. De que volume de recursos financeiros você necessita para desenvolver a solução (dentro dos limites suportáveis pela empresa)?
9. Que volume de vendas e margens é razoável esperar?
10. Quais são as qualificações de sua equipe?

As perguntas acima são extremamente apropriadas, pois invertem o eixo central da discussão, obrigando o plano de negócios a ser *market pull* (puxado pelo mercado).

As quatro primeiras tratam de identificar a oportunidade de mercado. A quinta pergunta dá espaço para a discussão da solução tecnológica, do modelo de negócios, da estratégia de entrada e da proposição de valor. A questão número seis trata do diferencial competitivo e examina se o novo dispositivo ou produto é reconhecido como importante pelos clientes e se ele é sustentável, isto é, difícil de ser copiado em razão de uma patente eficaz ou de uma aliança estratégica que garanta à empresa um monopólio, ainda que temporário. As três perguntas seguintes tratam das implicações financeiras e, finalmente, a última pergunta trata da qualificação dos empreendedores e de suas equipes.

Ao longo do livro apresentaremos detalhadamente cada um destes conceitos.

Fontes de financiamento

As principais fontes de financiamento nesta fase inicial são mostradas a seguir.

Subvenções (grants)

São aportes de recursos não retornáveis (fundo perdido) providos pelas agências de inovação através de programas específicos. As mais importantes são a Finep, as FAPs (fundações de amparo à pesquisa), entre as quais a Fapesp é a mais conhecida, e o BNDES através dos programas de inovação.

PLANO DE NEGÓCIOS

Família e amigos

Esta fonte é conhecida no mercado como 3F (*family, friends and fools*). São pessoas que aportam recursos nesta fase do empreendimento em adição aos recursos próprios do empreendedor (reservas pessoais, cartão de crédito, empréstimos etc.). Este processo é conhecido no mercado como *bootstrapping* (que significa calçar a bota puxando pela fita que fica na parte interna e posterior da mesma).

Investidores anjos (angel investors)

São investidores, pessoas físicas, que investem recursos pessoais em empresas em fase inicial. Em geral são ex-executivos da indústria, empreendedores que venderam suas empresas e estão com recursos disponíveis. Nos Estados Unidos esta indústria já é antiga e a entidade que os congrega é a National Association of Seed and Venture Funds (NASFV <www.nasvf.org>). No Brasil os investidores anjos apareceram há pouco tempo e temos algumas organizações que os congregam, como a São Paulo Angels (www.saopauloanjos. com.br), a Gávea Angels (www.gaveaangels.org.br) e a Floripa Angels (www. floripaangels.org), além da Associação Brasileira de Venture Capital (ABVCAP <www.abvcap.com.br>).

Fundos de seed capital (capital semente)

São fundos constituídos para aportar recursos em empresas nascentes, sobretudo as de base tecnológica. No mundo existe uma indústria madura de fundos de capital semente em torno dos parques tecnológicos.

No Brasil temos os fundos criados pela Finep, entre eles o Novarum e o SPTec. Além destes existe o fundo Criatec (www.fundocriatec.com.br), constituído em 2007, com recursos de R$ 100 milhões aportados pelo BNDES (80%) e Banco do Nordeste (20%), gerido pela Antera Gestão de Recursos e pelo Instituto Inovação (com sede em Belo Horizonte — MG). A meta do fundo Criatec é investir em 50 empresas de base tecnológica em quatro anos.

Nos Estados Unidos, a indústria de fundos movimentou cerca de US$ 28 bilhões em 2008, como mostrado na tabela 1, publicada pela National Venture Capital Association (NVCA).[4]

---

[4] Cf. <www.pwcmoneytree.com/MTPublic/ns/nav.jsp?page=stage>.

Tabela 1
Volume de investimentos na indústria de fundos por estágio de desenvolvimento das empresas 2007-2008 (US$ bilhões)

Estágio de desenvolvimento	2007	2008
Inicial	1,3	1,5
Decolagem	5,5	5,4
Expansão	11,7	10,6
Maturidade	12,4	10,8
Total	**30,9**	**28,3**

Importante observar que as únicas empresas que apresentaram um crescimento no volume de investimentos recebidos (15%) foram aquelas em estágio de desenvolvimento inicial.

Os setores foco dos investimentos foram: software (cerca de 20%), biotecnologia (cerca de 19%), energia (cerca de 15%) e equipamentos médicos (cerca de 10%). No segmento energia uma parte foi para as energias limpas (*cleantech*).

Cliente inicial

Uma das formas de financiar uma empresa inicial é a encomenda de um cliente âncora em busca de uma solução tecnológica. Um projeto especial sob encomenda pode dar origem a uma nova tecnologia ou processo, que será posteriormente levado ao mercado. A Petrobras é uma importante fonte de surgimento de novas empresas de base tecnológica no Brasil.

Fase de decolagem

Nesta fase as empresas já adquiriram os primeiros clientes e buscam agora um primeiro movimento de expansão. Geralmente necessitam de recursos para a melhoria do produto inicial (melhoria de produto e de processos, customização para novos nichos) ou para expansão comercial (presença em novas praças, montagem de força de vendas e canal de distribuição). Além dos financiadores da fase inicial, os fundos de *venture capital* começam a se interessar em investir nessas empresas.

Fundos de *venture capital* (capital empreendedor) são aqueles organizados para investir em empresas com diferenciais competitivos significativos. Assim como os fundos de capital semente, buscam uma boa relação retorno *versus* risco.

Os investidores (tanto o *seed* quanto o *early stage venture capital*) aportam recursos em empresas com alto potencial de retorno financeiro, e o plano de negócios é o documento no qual se apoiam para a tomada de decisão. Estes investidores não entram nas empresas para ficar até o final do ciclo de vida delas. Eles entram na fase inicial e desembarcam no meio do caminho — quando as necessidades de recursos se tornam maiores.

A figura 3 é um exemplo da visão do *early stage venture capital* e do *seed capital*, e trata do desenvolvimento de uma nova droga e do valor do empreendimento ao longo do ciclo de desenvolvimento.

Figura 3
**Valor do empreendimento ao longo do ciclo de desenvolvimento
Indústria biofarmacêutica
(Biopharmaceutical Drug Development Accelerator — Canadá)**

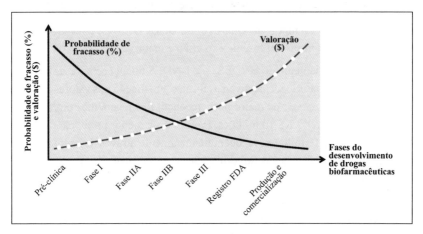

A linha cheia mostra a curva de probabilidade de fracasso, enquanto a linha tracejada mostra o valor da empresa em cada fase do desenvolvimento de um fármaco. Na medida em que se avança na pesquisa diminui a probabilidade de fracasso e aumenta o valor da empresa.

Um investidor com uma limitação no volume de recursos a aportar em cada empresa (por imposição do regulamento do fundo) tenderá a entrar na fase inicial (pré-clínica) e buscará saída na fase IIA (de três a cinco anos). Se a empresa for bem-sucedida, seu investimento será multiplicado em cerca de oito vezes, o que, dependendo do tempo para a saída, significará uma taxa de retorno entre 97% ao ano (saída em três anos) e 50% (saída em cinco anos).

É claro que para cada investimento bem-sucedido existem outros mal-sucedidos, o que leva os investidores a raciocinarem dentro de uma lógica de carteira, onde o que importa é o resultado final desta última.

Fase de expansão

Nesta fase as empresas entram em regime de forte crescimento, lutando para se apropriar da maior fatia possível de mercado. A forma de acelerar o crescimento dessas empresas é a compra de carteiras ou aquisições de empresas menores. Os principais financiadores, além das subvenções, são:

❑ *private equity* — os fundos de *private equity* são compostos por aportes privados de recursos financeiros para investimentos diretos nas empresas. Os investidores participam ativamente na gestão do negócio, assumindo, na maior parte das vezes, posições executivas;

❑ BNDESPAR — é o fundo de *venture capital* do BNDES e se destina a aportar recursos em empresas em fase de expansão e maturidade;

❑ linhas de financiamento do BNDES — o BNDES financia empresas em fase de expansão e maturidade de diversas formas, em função dos valores a serem financiados. Empresas de maior porte recebem financiamentos diretos para valores superiores a R$ 10 milhões. Empresas de menor porte, para valores inferiores a R$ 10 milhões, recebem financiamento através de agentes ou de outras linhas de financiamento direto, tais como Prosoft e linhas de capital inovador;

❑ lucros retidos — trata-se de outra fonte importante de financiamento. O empreendedor deve considerar que cada centavo distribuído sob a forma de dividendos implicará renúncia ao crescimento futuro;

❑ investidores estratégicos — estes potenciais investidores são empresas maiores (*incumbents*) que esperam o mercado definir o padrão dominante para, então, comprar as empresas menores. Neste movimento podem ou não estar interessados em que os fundadores continuem na empresa. Quando a Google adquiriu a empresa mineira Akwan, em 2005, exigiu que os funda-dores permanecessem. Em outros casos os novos acionistas desejam que

PLANO DE NEGÓCIOS

os fundadores se retirem. Por isto é comum, nos acordos de acionistas, os investidores exigirem cláusulas de *tag along*[5] e *drag along*.[6]

Fase de maturidade

Nesta fase o mercado já se estabilizou, e será muito difícil obter algum tipo de crescimento que não seja o vegetativo. Começa, então, a fase de consolidação do setor através de um movimento de fusões e aquisições ou *merge and acquisitions* (M&A) que podem ser financiadas tanto pelo *private equity* quanto pelo BNDESPAR e pelo BNDES.

Exemplos são a criação da InBev (investida pelo Banco Garantia) e a Totvs, originalmente Microsiga, que adquiriu a Logocenter e a Datasul com investimento do BNDESPAR.

Oferta pública inicial ou, em inglês, initial public offering (IPO)

Na fase de maturidade as empresas já são grandes e poderão buscar um financiamento através da abertura de capital em bolsa de valores. Em 2008, devido à grande liquidez dos mercados, diversas empresas brasileiras abriram seu capital na Bovespa.

---

[5] *Tag along*: proteção dos minoritários — se o majoritário vender sua participação, o minoritário tem o direito de vender a sua participação pelo mesmo preço.

[6] *Drag along:* proteção dos majoritários — se o majoritário vender sua participação, ele pode arrastar o minoritário. Com isto ele evita que a venda não se concretize.

Capítulo 2

O processo de elaboração de um plano de negócios

O processo de elaboração do plano de negócios está representado na figura 4.

Figura 4
O processo de elaboração do plano de negócios

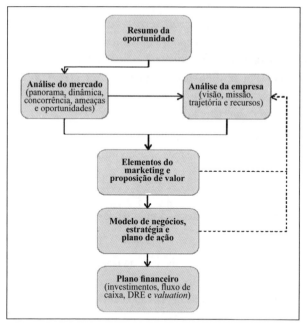

Tratemos, agora, das etapas deste processo.

Resumo da oportunidade

A empresa deverá explicitar a razão pela qual pretende receber o investimento. A oportunidade deve ser exposta de forma clara e atraente para motivar a lei-

26 PLANO DE NEGÓCIOS: UM GUIA PRÁTICO

tura do plano. Lembre-se de que os investidores costumam receber dezenas de planos de negócios por semana, e lhes é impossível ter uma equipe que leia no detalhe cada um deles.

O resumo da oportunidade corresponde, em outras metodologias, ao sumário executivo.

Análise do mercado

Nesta etapa deve-se examinar de que forma o mercado se movimenta perante a oportunidade. A análise de mercado compreende:

- ❑ *panorama do mercado* — examina o mercado (nacional e internacional), buscando captar as novas tendências e seus impactos sobre o setor e a indústria em análise;

- ❑ *dinâmica do mercado e análise da concorrência* — examina o ciclo de vida da adoção da tecnologia, bem como a movimentação dos *players* que fazem parte do setor e da indústria — análise da concorrência baseada no modelo das cinco forças (Porter, 1986). Esta segunda parte contempla a quarta questão colocada pela MDV e que transcrevemos na seção "Fase inicial" desta obra: Como a concorrência está reagindo?

- ❑ *ameaças e oportunidades* — da análise do panorama e da dinâmica do mercado é extraído um quadro de ameaças e oportunidades

Análise da empresa

Este item analisa o ambiente interno à empresa e compreende visão, missão, valores, trajetória e recursos:

- ❑ *visão* — os acionistas devem estabelecer a visão explicitando as suas prioridades em relação a crescimento, rentabilidade e risco. Em processos de crescimento acelerado as empresas devem abdicar de distribuição de resultados durante a fase de crescimento e assumir riscos maiores do que em fases de menor crescimento;

- ❑ *missão* — explicita a razão da existência da empresa;

- ❑ *valores* — são os princípios dos quais os acionistas não abrem mão;

- ❑ *trajetória da empresa* — relata os fatos relevantes desde a fundação até os dias atuais. A trajetória imprime o DNA da empresa. Pessoas e empresas

O Processo de Elaboração de um Plano de Negócios   27

possuem trajetórias que condicionam, de certa forma, suas ações futuras. Mudanças de trajetórias não são impossíveis, e deve-se reconhecer quando se está diante de uma;

❑ *recursos* — análise das forças e fraquezas para dar conta das possíveis estratégias. Esta análise deve estar centrada nos ativos estratégicos (tangíveis e intangíveis) e nas competências essenciais da empresa ou dos empreendedores.

Elementos do marketing e proposição de valor

Dados uma oportunidade, um comportamento de mercado e os recursos da empresa, devemos estabelecer:

❑ *elementos do marketing* — de acordo com a abordagem 4 Ps de Kotler (2000) e as estratégias de produto desenvolvidas pelo Boston Consulting Group e Igor Ansoff (1977);

❑ *proposição de valor* — o que o mercado demanda e qual é a nossa oferta (conjunto de atributos/preço). O conceito foi apresentado por Porter (2000), no artigo "What is strategy?".

Modelo de negócios, estratégia e plano de ação

Diz respeito, essencialmente, ao posicionamento que a empresa irá adotar:

❑ *modelo de negócios* — de que forma a empresa irá ofertar o produto (venda, aluguel, prestação de serviços, licenciamento, entre outras);

❑ *estratégia* — como se estruturar e abordar o mercado;

❑ *plano de ação* — uma vez decidida a estratégia deve-se passar à etapa de construção do plano de ação.

Plano financeiro

As análises anteriores desembocam no plano de investimentos e no plano financeiro:

❑ *plano de investimentos* — examina quanto deverá ser o investimento na construção dos ativos tangíveis, intangíveis e nas competências;

28 PLANO DE NEGÓCIOS: UM GUIA PRÁTICO

❑ *plano financeiro* — em função das premissas de mercado são projetados os demonstrativos de resultados (DREs), os fluxos de caixa e os balanços. A partir destas projeções é possível analisar a necessidade de recursos a serem captados, o *burn rate* (período em que a empresa operará no vermelho, queimando caixa) e o *valuation*, que permitirá à empresa negociar a participação dos investidores.

Capítulo 3

Resumo da oportunidade

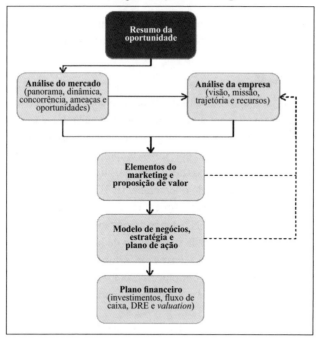

Figura 5
O resumo da oportunidade dentro do processo de elaboração do plano de negócios

Nesta etapa inicial o empreendedor deverá relatar de onde surge a oportunidade e como ele pretende aproveitá-la.

Muita atenção: a oportunidade *sempre* vem de uma mudança no ambiente externo à empresa. O não entendimento desta afirmação é um erro recorrente na maior parte dos planos de negócios, em que se insiste em justificar o plano com

30 PLANO DE NEGÓCIOS: UM GUIA PRÁTICO

algum desenvolvimento interno — processo que é conhecido como *technology push*. Neste caso, dificilmente a empresa encontrará algum investidor. As mudanças no ambiente externo podem ser resumidas da seguinte forma:

❏ novas tecnologias;

❏ alteração do perfil demográfico da população;

❏ alteração de comportamento da sociedade;

❏ alteração legal;

❏ alteração política;

❏ alteração econômica.

Estas mudanças podem ocorrer sob a forma de rupturas (alterações radicais) ou cumulativamente (alterações incrementais). Vejamos cada uma delas.

Novas tecnologias

Quando ocorrem sob a forma de uma ruptura tecnológica (*technology breakthrough*) podem resultar em uma nova plataforma tecnológica.

Um exemplo de ruptura foi o surgimento da plataforma internet, o que propiciou o aparecimento de inúmeras novas empresas. A mais conhecida delas é a Google que, em apenas 10 anos de existência, atingiu um volume de vendas de US$ 22 bilhões e um resultado operacional (EBITDA) de US$ 5,5 bilhões.

Esta mesma ruptura quase atingiu em cheio a empresa mais poderosa na área de software — a Microsoft. Não tendo acreditado inicialmente no poder da internet, a Microsoft viu ameaçada sua posição de liderança de mercado.

Outro exemplo de ruptura ocorreu no setor da saúde humana, com o surgimento da biologia celular e molecular, cujo espaço inicial foi ocupado pelas empresas *start-ups* fundadas a partir dos laboratórios das universidades (*spin-offs*).[7]

O surgimento de uma nova plataforma tecnológica abre espaço para o aparecimento de novas empresas (*start-ups*) de base tecnológica, geralmente financiadas pelos *angels* e pelo capital semente. Alguns exemplos, além da Google,

---

[7] *Spin-off*: construção de uma unidade de negócios ou empresa independente a partir de uma empresa maior ou de um laboratório/departamento de uma universidade.

Resumo da Oportunidade 31

são a Amazon.com e, na área de biotecnologia, a Genentech, recentemente vendida para a Roche por cerca de US$ 40 bilhões.

Alteração do perfil demográfico da população

Geralmente este tipo de mudança ocorre de forma incremental, não chegando a haver uma ruptura. Um exemplo claro é o aumento da expectativa de vida da população, que ameaça os planos de saúde e previdência, e gera oportunidades para a indústria do lazer. Por ser uma mudança lenta, este tipo de oportunidade abre espaço para novos investimentos das empresas já estabelecidas no mercado (*incumbents*), que, ao perceberem da mudança, irão adaptando suas ofertas e suas proposições de valor. Neste livro será desenvolvido um exemplo de um laboratório de análises clínicas focado no atendimento a pessoas com mais de 60 anos de idade.

Alteração de comportamento da sociedade

É, geralmente, incremental. Um exemplo é a clara expectativa em relação à conservação dos recursos do planeta, gerando oportunidades para as empresas que se dedicam às energias limpas e renováveis (*cleantech*). Em alguns casos, devido ao volume de investimento e à complexidade do canal de distribuição, os *incumbents* se apropriam destas oportunidades — é o caso da indústria automobilística. Em outros casos elas poderão ser apropriadas pelas *start-ups*. Na Coppe/UFRJ, diversos laboratórios se dedicam ao assunto, entre eles o laboratório de hidrogênio (Lab H2) e o laboratório de energia, que está construindo, no Ceará, uma unidade experimental de geração de energia a partir das ondas do mar.

Alteração legal

Ocorre quando mudanças no marco regulatório impactam a atividade econômica. Recentemente presenciamos a discussão sobre o desenvolvimento de sementes transgênicas e sobre a pesquisa com células-tronco. Uma possível alteração no marco regulatório sobre a utilização de defensivos agrícolas tradicionais poderá impactar a pesquisa de biodefensivos.

Alteração política

Mudanças no cenário político, tanto no país quanto no exterior, são fatos geradores de oportunidades. O exemplo mais claro foi a mudança ocorrida na China, por volta do ano 2000, que acarretou um grande crescimento mundial. Tornar-se um fornecedor da China (direta ou indiretamente) propiciou o crescimento de muitas empresas e a consequente necessidade de investimento.

Alteração econômica

Está relacionada com o nível da atividade econômica em cada país e respectivos impactos sobre os níveis de inflação, taxa de juros e taxa de câmbio. Assimetrias na taxa de câmbio entre países permitem a realização de arbitragem. A China, em função da mão de obra barata e de moeda subvalorizada, tornou-se o maior exportador do planeta e, com isto, cresceu a taxas de cerca de 10% ao ano no período iniciado no ano 2000. A Índia tornou-se uma grande exportadora de serviços de software graças aos baixos salários de seus programadores.

CAPÍTULO 4

Análise do mercado

Figura 6
A análise do mercado dentro do processo de elaboração do plano de negócios

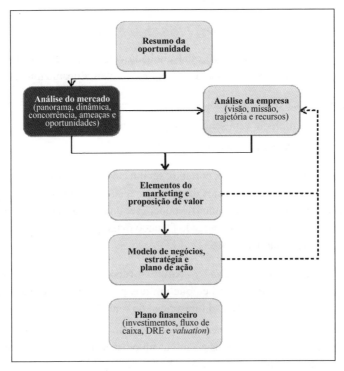

A partir da oportunidade identificada no capítulo 3 ("Resumo da oportunidade"), deve-se examinar de que forma o mercado está se movimentando. Isso compreende:

34 PLANO DE NEGÓCIOS: UM GUIA PRÁTICO

- panorama do mercado;
- dinâmica do mercado e análise da concorrência;
- ameaças e oportunidades.

Panorama do mercado

Examina o mercado nacional e internacional buscando captar as novas tendências. Voltemos às três perguntas iniciais apresentadas por Bill Davidow no site <www.mdv.com/submit_plan.html> da Mohr Davidow Ventures (MDV):

1. Que problema você irá resolver?
2. Quem, atualmente, tem este problema?
3. Qual o tamanho do mercado potencial?

Que problema você resolve?

A resposta a esta pergunta deve estar alinhada com o capítulo anterior, que descreve a fonte da oportunidade. Esta pergunta deve ser desmembrada em:

- Que problema você resolve ou pretende resolver?
- Como este problema vem sendo resolvido atualmente?
- Como você pretende solucionar o problema?

A pergunta número 1 deve, portanto, ser uma clara identificação do problema a ser resolvido. Se estivermos diante de uma solução inovadora, a questão ainda estará em aberto. Caso contrário poderá ser uma melhoria de processo ou apenas mais uma empresa no mercado fazendo mais a respeito do mesmo. Um exemplo é apresentado a seguir.

- *Que problema você resolve?* A Novo Nordisk, empresa dinamarquesa produtora de insulina, percebeu que um dos problemas dos usuários era a dificuldade em lidar com a administração do remédio.
- *Como este problema vem sendo resolvido atualmente?* Os usuários eram obrigados a carregar seringas e agulhas hipodérmicas e se autoaplicar. Isto, além de desconforto, gerava uma complicação logística.
- *Como você pretende solucionar o problema?* Diante desta situação a Novo Nordisk desenvolveu uma solução, que foi a aplicação da droga através de uma *caneta* (*flex pen*), que eliminou a necessidade da utilização da seringa.

ANÁLISE DO MERCADO   35

Outro exemplo foi o da Gol que, ao entrar no mercado, percebeu que o sistema de venda e emissão de passagens aéreas era realizado através de agentes de viagens, gerando ineficiências. Estes agentes recebiam, das empresas aéreas, um computador em comodato. Na ocasião o parque de computadores da empresa líder de mercado (sistema Amadeus/ Varig) cedidos em comodato aos agentes estava obsoleto e necessitava ser trocado, o que implicava um grande investimento. Além disso, o agente de viagem ficava com uma comissão de cerca de 10% sobre a venda. A Gol percebeu esta situação e inovou com a venda de passagens através da internet.

Quem, atualmente, tem este problema?

Nesta questão busca-se identificar se estamos diante de um mercado amplo ou de mercados de nicho. Recentemente examinamos um projeto sobre um biodefensivo para combate de uma praga que atingia a cultura de frutas. O problema se agravava em regiões mais quentes.

Trata-se, portanto, de um mercado de nicho — produtores de frutas das regiões Norte e Nordeste do Brasil. Neste ponto é interessante identificar o perfil do usuário, como ilustrado na figura 7.

Figura 7
Identificação do perfil do usuário

Perfil do usuário	Pessoa física	Empresas	Governo
Classe de renda			
Faixa etária			
Grau de instrução			
Região			
Tamanho da empresa			
Setor de atuação			
Região de atuação			
Quem é o comprador? (RH, logística, finanças etc.)			
Setor do governo (municípios, estados, União)			
Tipo de ministério/secretaria (Fazenda, Esportes etc.)			

Qual o tamanho do mercado potencial?

Identifique o tamanho do mercado potencial. Para isso, utilize fontes confiáveis e atualizadas; cite as fontes e não utilize qualificações como, por exemplo, "grandes mercados".

Informe o potencial dos mercados que você pretende atingir nas fases iniciais do empreendimento. Além das fontes públicas — Instituto Brasileiro de Geografia e Estatística (IBGE), institutos estaduais de planejamento, Instituto de Pesquisa Econômica Aplicada (Ipea), Fundação Getulio Vargas (FGV), Banco Central e agências, como a Agência Nacional de Saúde Suplementar (ANS), Agência Nacional de Vigilância Sanitária (Anvisa), Agência Nacional do Petróleo (ANP), entre outras —, fontes privadas confiáveis, como a Bolsa de Mercadorias e Futuros (BM&F), a Federação Brasileira de Bancos (Febraban), a Nielsen etc., devem ser consultadas. Revistas e publicações especializadas reconhecidas podem ser utilizadas como reforço. Não utilize informações de jornais ou periódicos semanais, pois costumam oferecer informações pouco pesquisadas. Informações de especialistas (*expert opinions*) são bem-vindas, mas é importante assegurar-se de que esse especialista seja referência no mercado.

Lembre-se: é um plano de negócios e, portanto, quanto mais acurada a informação, melhor. Investidores possuem uma grande rede de troca de informações (*network*) e costumam utilizá-la em suas decisões de investimento. Procure chegar o mais próximo possível do mercado-alvo, identificando, se possível, o nome das empresas e os principais compradores.

Dinâmica do mercado e análise da concorrência

Examina o ciclo de vida da adoção da tecnologia e a movimentação dos *players* que fazem parte do setor e da indústria — análise da concorrência baseada no modelo das cinco forças (Porter, 1986). Esta segunda parte contempla a quarta questão colocada pela MDV: Como a concorrência está reagindo?

Dinâmica do mercado (ciclo de vida da adoção da tecnologia)

De uma forma simplificada o ciclo de vida da adoção de uma tecnologia se apresenta conforme a figura 8.

Figura 8
Ciclo de vida da adoção de uma tecnologia

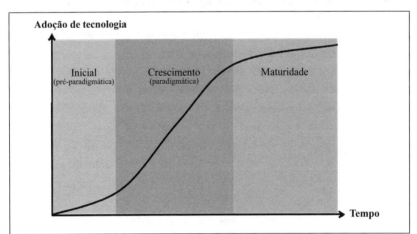

O gráfico mostra a curva que representa a evolução da adoção de uma tecnologia no tempo. Entretanto, em qualquer momento a evolução esperada poderá ser interrompida pelo surgimento de uma nova tecnologia concorrente.

A curva indica que na *fase inicial*, quando se tratar de uma inovação radical, poderemos estar ainda em uma fase pré-paradigmática, na qual o padrão dominante ainda não emergiu (Teece, 1986). Isto foi observado recentemente na introdução da telefonia celular no Brasil, quando algumas empresas optaram pela tecnologia TDMA (BCP, por exemplo), outras pela tecnologia CDMA (Vivo, por exemplo) e outras, ainda, pela tecnologia GSM (como foi o caso da Oi). O padrão dominante ao final de algum tempo acabou sendo o GSM e a Oi ficou em vantagem sobre seus concorrentes (a Vivo foi obrigada a fazer uma migração para GSM e a BCP desapareceu do mercado). No caso da telefonia celular, por força dos pesados investimentos requeridos, esta fase inicial foi bancada pelos *incumbents* — empresas de telefonia fixa, nacionais e internacionais — associados a seus principais investidores.

Em outros casos os investidores tradicionais (*venture capitalists* e *private equities*) se abstêm de entrar, ficando o financiamento inicial por conta dos *angels* e do *seed capital*. Devido ao pouco fôlego desses investidores é sempre bom contar com uma rede de coinvestidores e possíveis investidores estratégicos (empresas *incumbents*).

38 PLANO DE NEGÓCIOS: UM GUIA PRÁTICO

No tocante à *fase inicial* o plano de negócios deve dedicar especial atenção à disputa pelo padrão dominante, buscando monitorar as apostas dos concorrentes. Uma fonte de informações pode ser o Google Patents (www. google.com/patents), que permite acompanhar o depósito das patentes na área em questão.

Na *fase de crescimento* o padrão tecnológico já está definido e as empresas começam, então, o processo de crescimento acelerado, buscando se apropriar de cada fatia possível do mercado. Muitos recursos serão necessários, especialmente para finalizar o produto, fazer o *scale up* (processo de trabalho que permite passar de uma escala de laboratório ou piloto de desenvolvimento para uma escala ampliada de produção), melhorar os processos visando qualidade e redução de custos e montar o canal de distribuição, tornando-o o mais direto e capilarizado possível. O plano de negócios deve, portanto, estar focado nesses pontos e detalhar como os resultados serão atingidos, como os mercados estão crescendo e como os concorrentes estão se movimentando.

Na *fase de maturidade* o mercado já está próximo da saturação e o plano deve se concentrar em possíveis fusões e aquisições. Os concorrentes devem, então, ser monitorados, para que se percebam suas forças e fraquezas, seus movimentos e possíveis empresas a serem adquiridas. Recentemente, no Brasil, assistimos à *fusão* do Itaú com o Unibanco, a aquisição da Datasul e da Logocenter pela Microsiga (formando a Totvs), a consolidação do setor de laboratórios de análises clínicas pela Diagnósticos das Américas S.A. (Dasa) e a aquisição da CanaVialis (*start-up* investida pela Votorantim Ventures) pela Monsanto.

Um exemplo marcante foi a quase extinção da telefonia fixa, especialmente a de longa distância, abatida a tiros pelo celular e pelo Skype.

Análise da concorrência: o modelo das cinco forças

Desenvolvido por Porter (1986) este modelo é um clássico e deve estar presente em todas as análises de mercado dos planos de negócios (os investidores adoram). A figura 9 o ilustra.

Figura 9
O modelo das cinco forças

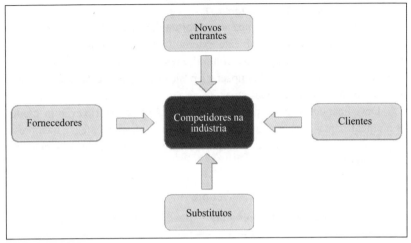

Fonte: Porter, 1986.

O autor foi muito feliz em demonstrar que a concorrência não se encontra apenas no interior da indústria. Um fabricante de sapatos, por exemplo, não deve monitorar apenas os demais fabricantes desse produto; ele deve observar se o fornecedor de couro ou solados de borracha não tem planos de entrar em seu mercado, ou se as grandes redes de venda de sapatos não pretendem montar sua própria fabricação no Brasil ou na China; deve observar se está vindo para o Brasil um grande fabricante de sapatos com grande poder de capitalização ou, finalmente, se não está sendo desenvolvida uma nova tecnologia que tornará obsoleto o uso de sapatos como os conhecemos atualmente — novos materiais baseados em nanotecnologia. Quando a indústria automobilística lançou a injeção eletrônica, todas as oficinas de manutenção de carburadores desapareceram. Especialistas em equipamentos analógicos foram eliminados com a adoção da tecnologia digital.

Uma história curiosa é a de uma indústria de videocassetes que concluiu que a principal reclamação de seus usuários era o tempo que levavam para rebobinar a fita. Investiu em um sistema para aumentar a velocidade. Quando este ficou pronto o concorrente lançou o DVD.

40   PLANO DE NEGÓCIOS: UM GUIA PRÁTICO

Ameaças e oportunidades

Também um clássico nos planos de negócios é parte da análise Swot (*strenghts, weaknesses, opportunities and threats*).

Ela trata da análise das ameaças e oportunidades, e examina de que forma as possíveis mudanças no ambiente externo (ambientes político, econômico, regulatório, social, demográfico, cultural, científico e tecnológico) e a movimentação dos *players* poderão impactar a posição competitiva da indústria como um todo e da empresa em particular.

Deve ficar claro que no plano de negócios não é necessário examinar todos os ambientes, mas apenas aqueles em que a mudança/ruptura afetará a empresa.

O quadro 1 exemplifica a forma de exibição da análise de ameaças e oportunidades.

Quadro 1
Ameaças e oportunidades — hospitais independentes

Ambiente	Oportunidades
Demográfico	Pluralidade racial — realização de testes clínicos no Brasil (fase III) Aumento da expectativa de vida — *home care*
Econômico	Valorização dos espaços urbanos
Tecnológico	Novas tecnologias permitem a prática da telemedicina — *home care*
	Ameaças
Regulatório	Legislação — exigências Anvisa e ANS Responsabilidade civil dos hospitais
Tecnológico	Novos tratamentos eliminam cirurgias e procedimentos pós-cirúrgicos Consolidação do setor — *big pharmas* compram as empresas de *biotech*
Econômico	Planos de saúde pressionam por redução no tempo de internação Planos de saúde abrem seus próprios hospitais
Financeiro	Investidores consolidam o setor criando grandes *players*

O quadro analisa as oportunidades e ameaças para hospitais independentes e a movimentação dos *players*.

Oportunidades

São aquelas que vêm ao encontro da estratégia da empresa, ou seja, a empresa se preparou para esta mudança ou até mesmo a liderou.

ANÁLISE DO MERCADO   41

No quadro 1 identificamos as seguintes oportunidades para hospitais independentes:

❏ *no ambiente demográfico*:

  ❏ devido à sua *pluralidade racial* o Brasil se tornou um local interessante para a realização de testes clínicos fase III. Estes testes são realizados por organizações especializadas — *clinical research organizations* (CROs) — que são prestadoras de serviços para outras CROs internacionais. No Brasil temos a empresa mineira Biocancer,[8] investida pela FIR Capital, especializada nesta atividade. Tal oportunidade poderá ser apropriada pelos hospitais independentes;

  ❏ o *aumento da expectativa de vida da população* abre um novo espaço no mercado — o *home care*. Esta oportunidade poderá ser apropriada por novas empresas (*start-ups*) ou pelos *incumbents* (hospitais). Atualmente o maior número de empresas *home care* não pertence aos hospitais, mas estes poderão montar suas próprias ou adquirir alguma existente;

❏ *no ambiente econômico* — hospitais ocupam imensas áreas urbanas cujos espaços se valorizam a cada dia, à medida que o bairro vai sendo ocupado por novas edificações. Pensar um novo modelo de hospital — mais ágil, de menor porte — pode representar uma oportunidade para capitalizar a empresa. Observa-se, recentemente, o surgimento de pequenas clínicas e *day hospitals,* que realizam procedimentos de menor porte, antes somente realizados em hospitais;

❏ *no ambiente tecnológico* — as novas tecnologias da informação e comunicação abrem espaço para a telemedicina. Com isto tornam-se muito mais viáveis o monitoramento remoto dos pacientes e o atendimento em regime de *home care*. Segundo o Hospital Mineiro do Triângulo:

---

[8] *"Biocancer is an oncology-focused drug development services company which assists pharmaceutical, biotechnology, medical device and drug development services companies in accessing Brazil's large patient populations. The company's service offerings include patient and investigator recruitment; clinical trial planning; protocol design and review; database design, data entry and verification; biostatistical analysis and the generation of clinical trial reports"*. Disponível em: <www.biocancer.com.br/site_us/index.php>. Acesso em: out. 2009.

O grupo foi pioneiro em Telemedicina, criando inúmeras contribuições, como: transmissões por protocolo Internet 2, telemonitorização de sinais vitais (eletrocardiograma, espirometria, entre outros), reuniões clínicas por protocolos de streaming de vídeo, vídeoconferências multipontos etc.[9]

Ameaças

São aquelas que não vêm ao encontro da estratégia da empresa, ou seja, a empresa não se preparou para tais mudanças.

No quadro 1 identificamos as seguintes ameaças para hospitais independentes:

- *no ambiente regulatório:*
  - *novas exigências das agências reguladoras* — a ANS e a Anvisa podem representar aumentos de custo para os hospitais, diminuindo sua competitividade. Dependendo do tipo de exigência, poderá representar uma oportunidade;
  - *responsabilidade civil dos hospitais* — segundo Souza (2002),

    > a responsabilidade dos hospitais brasileiros face aos seus pacientes é contratual e, tem fulcro, como mencionado no início, além da legislação já citada, no Código de Defesa do Consumidor (Lei nº 8078/90). Trata-se de responsabilidade objetiva [...].

- *no ambiente tecnológico:*
  - *novos tratamentos eliminam a necessidade de cirurgias e procedimentos* — vacinas de última geração para combate a doenças que geram internação podem reduzir ou até mesmo eliminar a necessidade de algumas cirurgias e procedimentos pós-cirúrgicos atualmente realizados em clínicas e hospitais — quimioterapia, por exemplo. Veja a figura 10;
  - *consolidação do setor* (big pharmas *compram as empresas de* biotech) — observa-se um movimento cada vez mais intenso de aquisição das empresas de biotecnologia (*biotech*) pelas grandes farmacêuticas (*big pharmas*). A leitura deste movimento é que os novos tratamentos baseados

---

[9] Disponível em: <www.ict.med.br/>. Acesso em: out. 2009.

em medicina celular e molecular estão se tornando padrão dominante. A aquisição mais recente foi a da Genentech (empresa norte-americana de biotecnologia) pela Roche (*big pharma*), por US$ 46 bilhões.

Seguindo a finalização da transação Genentech, a Roche anunciou hoje o bem-sucedido início da integração. Os líderes da Roche e da Genentech alcançaram, em um curto período de tempo, considerável progresso na definição do rumo da integração, baseando-se na relação de longo prazo e de confiança das duas companhias.[10]

Figura 10
O que é a biotecnologia*

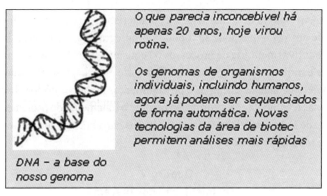

* Disponível em: <www.roche.com>. Acesso em: 21 abr. 2009.

❑ *no ambiente econômico*:

❑ *planos de saúde pressionam por tempo de internação* — cada vez mais os planos de saúde reduzem as autorizações relacionadas ao tempo de internação;

❑ *planos de saúde abrem seus próprios hospitais* — observa-se uma tendência cada vez mais nítida à abertura de hospitais próprios por parte dos planos de saúde. A meu juízo esta é uma estratégia errada: os planos deveriam focar o movimento de consolidação do setor, que fatalmente ocorrerá, especialmente após a portabilidade;

---

[10] Ver <www.roche.com/media/media_releases/med-cor-2009-04-14.htm>.

44 PLANO DE NEGÓCIOS: UM GUIA PRÁTICO

❏ *no ambiente financeiro* — investidores consolidam o setor criando grandes *players*. Este movimento teve início na consolidação do setor de laboratórios de análises clínicas. O banco Pátria criou a Diagnóstico das Américas (Dasa) — resultado da aquisição dos laboratórios Lâmina, Bronstein, Delboni Auriemo, Laivoisier, entre outros. Mais recentemente o Bradesco adquiriu uma participação acionária minoritária de 20% nos Laboratórios Fleury, por R$ 342 milhões.[11] Este mesmo movimento poderá ocorrer a qualquer momento na área hospitalar, deixando os hospitais independentes ameaçados.

Movimentação dos players

Conforme observamos no quadro de oportunidades e ameaças, o setor de hospitais está em estágio de maturidade. A característica deste setor é a busca por redução de custos, o que pode ser obtido por integrações verticais ao longo da cadeia produtiva, melhoria de processos ou consolidação. As novas tecnologias — celular e molecular — representam uma forte ameaça, uma vez que podem reduzir a necessidade de cirurgias e procedimentos pós-operatórios. Também a evolução das tecnologias da informação permite o tratamento do paciente crônico em regime de *home care*. Diante deste cenário os *players* estão se movimentando conforme mostra o quadro 2.

Quadro 2
Movimentação dos players

Concorrência atual	Hospitais implantam serviços de *home care*
Fornecedores	Médicos pressionam por melhores instalações
Clientes	Planos de saúde montam seus hospitais próprios
Substitutos	*Big pharmas* compram as empresas de biotecnologia
Novos entrantes	Surgimento das primeiras CROs independentes

Concorrência atual — hospitais implantam serviços de home care

Alguns hospitais já estão incorporando este serviço como forma de reduzir a ocupação dos leitos por pacientes crônicos. Esta tendência é sustentada pelo

---

[11] Disponível em: <http://economia.uol.com.br/cotacoes/ultnot/2009/04/17/ult29u66976.jhtm>. Acesso em: out. 2009.

ANÁLISE DO MERCADO

fato de que a hotelaria não é o setor mais rentável em um hospital; ela existe para suportar as internações e o uso das salas de cirurgia e UTIs.

Fornecedores — médicos pressionam por melhores instalações

Com o aumento da concorrência os médicos preferem realizar as intervenções cirúrgicas nos hospitais mais bem-equipados.

Clientes — planos de saúde montam seus hospitais próprios

Observa-se um forte movimento de aquisição de hospitais pelos planos de saúde.

Substitutos — big pharmas compram as empresas de biotecnologia

Conforme já apresentado, as grandes empresas farmacêuticas estão comprando as empresas de biotecnologia. Pode-se esperar que, em breve, a necessidade de hospitalização se reduza drasticamente.

Novos entrantes — surgimento das primeiras clinical research organizations (CROs) independentes

Apesar de a realização de testes clínicos no Brasil representar uma oportunidade para os hospitais, os novos entrantes, basicamente as *start-ups*, estão ocupando este espaço inicial.

Capítulo 5

Análise da empresa

Figura 11
A análise da empresa dentro do processo de elaboração do plano de negócios

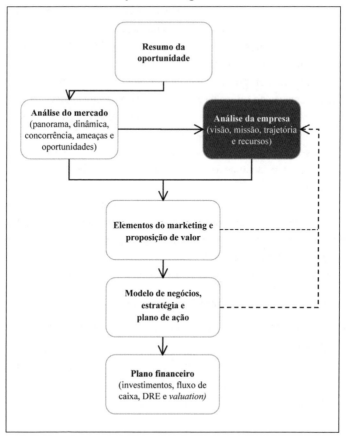

Tendo sido examinados a oportunidade e o mercado, passamos agora à análise da empresa. A pergunta cuja resposta se deseja conhecer é: Quais são a visão e a missão da empresa, sua trajetória e seus recursos, que lhe permitirão dar conta da oportunidade oferecida pelo mercado?

Observe, na figura 11, que as ligações entre "Análise da empresa" (capítulo 5), e "Elementos do marketing e proposição de valor" e "Modelo de negócios, estratégia e plano de ação" (capítulos 6 e 7, respectivamente) incluem setas de duplo sentido, o que significa que a análise da empresa só estará completa após o desenvolvimento dos capítulos 6 e 7. Apenas por uma questão didática iniciamos com a análise da empresa.

Visão

A visão é definida pelos acionistas e comunicada à organização. Ela é essencialmente *top-down*. Sendo estabelecida pelos acionistas, ela deve incorporar os seus desejos em termos de *crescimento* e *rentabilidade*, além do *nível de risco* que eles estão dispostos a correr.

Admita que a empresa possua alguns sócios e cada um tenha uma visão diferente a respeito do futuro da empresa. Um dos sócios, mais agressivo, deseja *crescer rapidamente,* e, para tanto, está disposto a *contrair financiamentos*, abrir mão de *dividendos* e assumir maiores *riscos comerciais*. Um segundo sócio, mais conservador, não está disposto a assumir riscos nem a abrir mão de dividendos. Nesta situação, como será possível estabelecer uma visão única para essa empresa?

O primeiro desafio neste capítulo é alinhar a visão dos sócios-fundadores, dos investidores e dos executivos principais da empresa. A falta deste alinhamento conduzirá a empresa a um impasse, e ela provavelmente ficará estagnada no mercado ou desaparecerá.

Os principais elementos da visão a serem definidos são:

- ❑ período da visão: visão 2009-2015, por exemplo;

- ❑ taxa de crescimento desejada para o período estabelecido, nos mercados nacional e internacional;

- ❑ *burn rate* (déficit de caixa) admitido e como financiá-lo: endividamento ou novos aportes de capital;

- ❑ política de dividendos.

ANÁLISE DA EMPRESA   49

O período da visão deve coincidir com o horizonte de tempo do plano de negócios.

A taxa de crescimento desejada nos mercados nacional e internacional define a taxa de agressividade da empresa e, consequentemente, o risco que ela está disposta a correr.

O *burn rate* (déficit de caixa) admitido implica definição do risco a ser assumido e a forma de seu financiamento (endividamento ou novos aportes) e esclarece o nível de diluição de participação acionária[12] que os atuais investidores estão dispostos aceitar.

Finalmente, na política de dividendos os investidores explicitam o quão importante é receber o dividendo anual. Empresas que tenham como investidores fundos de pensão terão uma postura mais favorável à distribuição de dividendos, e isto implicará perda de competitividade.

Ao longo dos últimos anos tenho examinado dezenas de planos de negócios e suas visões. Geralmente elas são retóricas: "Nossa empresa deseja ser referência no mercado e líder de seu segmento de atuação na América Latina". Quando perguntamos o que isto significa as respostas não nos levam a acreditar que será possível atingir a visão com as estratégias implementadas.

Segundo o vice-presidente de Marketing e Serviços da companhia, Tarcísio Gargioni, na empresa desde sua fundação, a visão da Gol Linhas Aéreas é: "Superar-se e ser reconhecida, até 2010, como a empresa que popularizou o transporte aéreo com qualidade e preço baixo na América do Sul".[13]

Naquela época uma ponte aérea Rio-São Paulo era vendida entre R$ 640 e R$ 840, dependendo do horário, enquanto sua concorrente direta, a TAM, oferecia a mesma passagem por preço entre R$ 479,50 e R$ 649,50.

Já a visão 2020 da Petrobras é: "Seremos uma das cinco maiores empresas integradas de energia do mundo e a preferida pelos nossos públicos de interesse".[14] Ou seja, indica um claro caminho de crescimento e um foco em energia

---

[12] Diluição: redução da participação acionária dos sócios atuais como consequência da entrada de novos sócios através de novos aportes de capitais.

[13] Disponível em: <www.fnq.org.br/site/ItemID=150/367/DesktopDefault.aspx>. Acesso em: 10 abr. 2009.

[14] Disponível em: <www2.petrobras.com.br/portal/frame.asp?area=ris&lang=pt&pagina=/ri/port/ConhecaPetrobras/EstrategiaCorporativa/EstrategiaCorporativa.asp>. Acesso em: 10 abr. 2009.

50 PLANO DE NEGÓCIOS: UM GUIA PRÁTICO

e não apenas em óleo e gás. Faltou explicar o que é uma empresa integrada de energia: do poço ao posto atende à área de O&G (óleo e gás). E as demais energias, como o álcool ou o biodiesel? Será que a Petrobras pretende entrar na produção de cana-de-açúcar ou mamona?

Missão

A declaração de missão deve explicitar os limites de atuação da empresa e a razão de sua existência. A declaração de missão da Petrobras é um exemplo:

> Atuar de forma segura e rentável, com responsabilidade social e ambiental, nos mercados nacional e internacional, fornecendo produtos e serviços adequados às necessidades dos clientes e contribuindo para o desenvolvimento do Brasil e dos países onde atua.

Ou seja, apesar de buscar o crescimento e a ampliação do escopo de produtos (energia em lugar de óleo e gás) e mercados (nacional e internacional) a empresa firma um claro compromisso com a rentabilidade, com a qualidade e com a responsabilidade ambiental e social.

Quem lê a visão e a missão desta empresa pode saber exatamente o que esperar dela desde que, por alguma razão, estas duas declarações não sejam modificadas.

Trajetória

A trajetória descreve os fatos mais relevantes que ocorreram desde a fundação da empresa até a presente data. É através desta trajetória que se pode identificar o DNA da empresa e dos empreendedores. Quando se tratar de uma empresa *start-up* deve-se enfatizar a trajetória dos empreendedores e de sua equipe — o que eles alcançaram no passado que indique que eles serão bem-sucedidos nessa nova empreitada.

Este roteiro, conforme apresentado no quadro 3, foi construído a partir do roteiro do plano de negócios do Prosoft/BNDES.[15]

---

[15] Disponível em: <www.bndes.gov.br/SiteBNDES/bndes/bndes_pt/Institucional/Apoio_Financeiro/Linhas_Programas_e_Fundos/Prosoft/prosoft_planodenegocios.html>. Acesso em: out. 2009.

Análise da Empresa

Quadro 3
Tajetória

Itens	Descrição
Dados cadastrais	Apresentar as informações cadastrais, principais acionistas e suas respectivas participações acionárias.
Perfil dos empreendedores	Falar sobre a formação e a experiência dos empreendedores. Dizer o que eles já fizeram que leve o leitor a entender por que eles serão bem-sucedidos neste novo empreendimento.
Histórico	Pontuar, cronologicamente, os marcos relevantes até chegar à situação atual, envolvendo a constituição da empresa, produtos, primeiros clientes etc. Construir uma linha de tempo.
Dados de evolução	Apresentar um quadro resumo de indicadores operacionais (pelo menos dos últimos três anos): em um hospital, por exemplo, número de leitos (tabela 2).
Recursos humanos	Falar sobre a formação e a experiência dos principais gestores. Apresentar um quadro resumo com as suas qualificações (tabela 3).
Principais produtos/serviços	Descrever sucintamente a linha de produtos/serviços. Mostrar evolução do faturamento dos últimos três anos, por linha de produto/serviço (tabela 4).
Principais clientes	Apresentar valores brutos faturados anualmente, nos últimos três anos, relativos aos principais clientes (tabela 5).
Alianças e parcerias	Nomear as empresas parceiras explicitando o tipo de parceria estabelecido. Informar quem é o integrador do sistema.
Política de qualidade	Mostrar como a empresa trata do assunto qualidade dos produtos e serviços (acordo de nível de serviço). Citar as certificações da empresa.
Governança corporativa	Mostrar de que forma a empresa trata os assuntos proteção aos minoritários, transparência das informações e controle externo da diretoria. Buscar definições em <www.bovespa.com.br>.
Experiência internacional	Descrever a experiência internacional da empresa.
Retrospecto financeiro	Apresentar uma síntese dos resultados dos três últimos exercícios: vendas, EBITDA, lucro líquido e balanço sintético (tabela 6).

Dados cadastrais

Informar a razão social, CNPJ, inscrições estaduais e municipais, endereço da sede e das demais unidades. Indicar a pessoa de contato (nome completo, cargo, telefone, fax e e-mail) encarregada de dirimir as dúvidas sobre o plano de negócios. Caso não seja um funcionário da empresa, esta pessoa deverá ter autorização formal para a representação.

Perfil dos empreendedores

Deve ajudar o leitor a entender como foi construído o conjunto de competências dos empreendedores.

Histórico

Deve relatar os marcos relevantes da trajetória da empresa ou dos empreendedores, desde a sua fundação até a situação atual, incluindo a constituição da empresa, lançamento de produtos, primeiros clientes, premiações, entre outros. É através deste relato que poderemos conhecer como foram construídas as competências e os ativos intangíveis das organizações.

Dados de evolução

Resumo dos indicadores operacionais (pelo menos dos últimos três anos): em um hospital, por exemplo, número de leitos, taxa de ocupação etc., como mostrado na tabela 2.

Tabela 2
Dados de evolução

Principais indicadores de um hospital	2006		2007		2008	
	Nº	Taxa de ocupação	Nº	Taxa de ocupação	Nº	Taxa de ocupação
Leitos	100	60%	120	70%	150	80%
Centros cirúrgicos	5	50%	6	55%	8	60%
Equipamentos de ecocardiografia	12	80%	15	75%	20	78%
Outros indicadores relevantes	—	—	—	—	—	—

ANÁLISE DA EMPRESA

Se o plano de negócios contemplar a ampliação do número de centros cirúrgicos, os investidores poderão argumentar que a taxa de ocupação ainda não justifica realizar o projeto neste momento.

Recursos humanos

Falar sobre a formação e a experiência dos principais gestores. Apresentar um quadro resumo com as suas qualificações, como mostrado na tabela 3.

Tabela 3

Perfil dos operadores e gestores

Perfis	2006	2007	2008
Gestores			
Mestres e doutores			
Ensino superior (terceiro grau)			
Total de gestores			
Operadores			
Mestres e doutores			
Ensino superior (terceiro grau)			
Ensino médio			
Ensino fundamental completo			
Ensino fundamental incompleto			
Total de operadores			

Principais produtos/serviços

Descrição sucinta, conforme tabela 4, da linha de produtos/serviços. Evolução do faturamento dos últimos três anos, por linha de produto/ serviço.

Tabela 4
Principais produtos/serviços

Produtos e serviços	2006		2007		2008	
	Faturamento (R$)	% no faturamento	Faturamento (R$)	% no faturamento	Faturamento (R$)	% no faturamento
Produto 1						
Produto 2						
Serviço 1						
Serviço 2						
Total		100		100		100

A tabela acima permite saber se existe uma concentração em algum tipo de serviço ou produto. As respostas obtidas — grau de dependência, concorrência, possibilidade de obsolescência — informarão o leitor sobre o nível de risco da empresa.

Principais clientes

Apresentar valores brutos faturados anualmente, nos últimos três anos, relativos aos principais clientes, como mostrado na tabela 5. As informações obtidas informarão também o leitor sobre o nível de risco da empresa em função da concentração ou pulverização dos clientes.

Tabela 5
Principais clientes

Clientes	2006		2007		2008	
	Faturamento (R$)	% no faturamento	Faturamento (R$)	% no faturamento	Faturamento (R$)	% no faturamento
Cliente A						
Cliente B						
Cliente C						
Total		100		100		100

Alianças e parcerias

Nomear as empresas parceiras explicitando o tipo de parceria estabelecido. Informar quem é o integrador do sistema. No ambiente econômico atual é frequente

Análise da Empresa   55

encontrarmos cadeias produtivas integradas, e quanto maior o nível de integração maior dependência entre os membros da rede. Neste caso é importante conhecer quem é o integrador do sistema, ou seja, quem está diante do cliente final. O integrador procurará, na maior parte das vezes, desenvolver fornecedores alternativos para não depender de apenas um fornecedor, ou então ter uma participação acionária relevante no seu fornecedor, de modo a garantir certo grau de influência em sua estratégia. Enfim, é um assunto no mínimo complexo, e que demandará muita atenção dos investidores e dos gestores.

Política de qualidade

É importante mostrar como a empresa trata do assunto qualidade dos produtos e serviços e citar as certificações da empresa.

O conceito de qualidade está associado à ideia de padrão. Não existe melhor ou pior qualidade — existe uma especificação de produto (material, data de entrega, quantidade aceitável de falhas etc.) ou um padrão de serviço que foi previamente combinado através de um acordo de nível de serviço ou *service level agreement* (SLA).

Em alguns casos é necessária a obtenção de certificações — empresas de software buscam certificações CMM (*capability maturity model*) nível 5 como forma de mostrar a seus clientes que elas possuem um bom processo de desenvolvimento de software.

Políticas de qualidade são especialmente importantes quando o mercado já atingiu a fase paradigmática e está próximo da maturidade. Neste caso o investimento em processos, especialmente nas empresas de serviços, é crucial para o aumento da produção e redução de custos (retrabalho e devoluções).

Governança corporativa

Também é importante demonstrar de que forma a empresa trata os assuntos proteção aos minoritários, transparência das informações e controle externo da diretoria (buscar definições em <www.bovespa.com.br>).

Cada vez mais o assunto da governança vem ganhando destaque nas preocupações dos investidores. Inicialmente a preocupação era com a transparência e o respeito ao direito dos acionistas minoritários. À medida que os fundos de *seed* e *venture capital* foram realizando seus processos de *due diligence* (auditoria prévia ao investimento conduzida por empresa especializada), novos problemas foram aflorando.

56 PLANO DE NEGÓCIOS: UM GUIA PRÁTICO

Na área de *seed capital* um dos problemas mais frequentes está associado às questões da *propriedade intelectual* e da *transferência de tecnologia*. Não é pouco comum empresas de base tecnológica, *spin-offs* de laboratórios das universidades ou centros de pesquisas, relevarem esta questão colocando em risco o investimento.

Na área do *venture capital*, que investe em empresas maiores, os problemas estão mais relacionados às engenharias tributárias, trabalhistas e societárias.

É natural que, devido ao custo Brasil, as empresas busquem formas criativas de operar. Isto está requerendo uma atenção especial do governo e um esforço da Associação Brasileira de Venture Capital (ABVCAP) no sentido de equacionar essa situação.

Experiência internacional

Igualmente importante é descrever a experiência internacional da empresa. Empresas iniciantes provavelmente não terão experiência internacional, mas os empreendedores poderão fazer parte de uma rede internacional de pesquisa, construída a partir de suas participações em congressos ou através de seus cursos de doutorado ou pós-doutorado. Neste caso é importante relatar, pois tal fato poderá ser relevante na construção da estratégia.

Retrospecto financeiro

Deve ser apresentada uma síntese dos resultados dos três últimos exercícios: vendas, EBITDA, lucro líquido e balanço sintético. O modelo de apresentação é mostrado na tabela 6.

Tabela 6
Retrospecto econômico financeiro

Resultados	2006	2007	2008
Receita de vendas			
Margem de contribuição			
Custos fixos			
EBITDA			
Lucro líquido			
Ponto de equilíbrio			

Continua

Análise da Empresa

Balanço sintético	2006	2007	2008
Ativo circulante			
Ativo permanente			
Ativo/passivo total			
Passivo circulante			
Financiamento de longo prazo			
Patrimônio líquido			

Recursos

Consideradas a oportunidade, a dinâmica e a movimentação dos *players*, bem como a proposição de valor que a empresa deseja construir, que recursos serão necessários?

Como recursos entendem-se:

- ativos tangíveis: equipamentos, prédios, instalações etc.
- ativos intangíveis: clientes, processos, marcas, canal de distribuição, parcerias etc.
- competências: conhecimento e habilidades dos operadores e gestores da empresa.

Neste ponto ainda não teremos construído a proposição de valor, de sorte que esta análise de recursos será um mero inventário.

A análise dos pontos fortes e pontos fracos (o "w" e o "s" da análise Swot) somente poderá ser feita após a conclusão do capítulo 6 — "Proposição de valor".

Os ativos tangíveis são facilmente visualizados — em uma indústria são as máquinas e equipamentos etc.; em uma empresa de serviços são as instalações físicas, equipamentos (laptops, mesas, entre outros).

De acordo com a International Accounting Standard (IAS) 38, os ativos intangíveis são definidos como "ativo não monetário, identificável, sem substância física e usado no fornecimento de bens e serviços, desde que seja *controlado* pela empresa e dele sejam *esperados benefícios econômicos futuros* para a empresa". Exemplos: marcas, patentes, processos, pessoas etc.

As competências pessoais podem ser entendidas como o conjunto de conhecimentos aplicados, habilidades e atitudes dos empreendedores e dos principais colaboradores da empresa.

Embora a literatura fale em competências da organização (Prahalad e Hamel, 1995), prefiro considerar que as competências ocorrem no nível pessoal em sua forma tácita. Para se tornarem propriedades da organização devem passar para a forma de conhecimento explícito, e aí estamos diante de um intangível — *know how*, patente ou processo.

Rating, planejamento e relatório de capitais intangíveis (CIs)

Em 2007 o BNDES solicitou ao Centro de Referência em Inteligência Empresarial (Crie) da UFRJ que construísse um modelo de *rating*, planejamento e relatório de capitais intangíveis. Desejava verificar não apenas as informações financeiras encontradas nos demonstrativos financeiros das empresas, mas também os intangíveis, que não figuram em tais documentos. Ao final de seis meses o trabalho foi apresentado publicamente em um seminário internacional realizado na sede do BNDES.

A principal conclusão do trabalho foi a constatação de que era inútil tentar valorar o intangível, dado que ele só faz sentido quando incorporado a uma estratégia. Desta forma foi formulado o modelo apresentado na figura 12.

Figura 12
Relatório de capitais intangíveis

ANÁLISE DA EMPRESA 59

Examinando o modelo apresentado, temos:

❑ *passo 1* — o ponto de partida é a estratégia da empresa. A suposição inicial era de que as empresas já haviam definido suas estratégias e, assim, deveríamos aceitá-las (quando isto não ocorre, a ferramenta é o plano de negócios);

❑ *passo 2* — em seguida vamos olhar para o inventário de recursos da empresa (*rating* de CI);

❑ *passo 3* — analisando a estratégia e o inventário de recursos, devemos perguntar de que recursos necessitamos e, destes, quais possuímos e quais não possuímos. Chegamos então a um hiato (*gap*) de recursos;

❑ *passo 4* — identificando o *gap* de recursos, estabelecemos um plano de ação para a implementação da estratégia e aquisição/construção dos ativos intangíveis necessários;

❑ *passo 5* — o último passo é relatar para o mercado os investimentos realizados na construção/aquisição de intangíveis no último período.

Rating de CI

A organização dos intangíveis apresentada ao BNDES se configura conforme o quadro 4. Ela é composta por seis capitais e 19 ativos correspondentes. Estes 19 ativos foram desdobrados em 53 indicadores.

Quadro 4
Rating de capitais intangíveis

Capital (6)	Ativos/competências (19)
1. Estratégico	1.1 Sistema de monitoramento do mercado
	1.2 Sistema estratégico
2. Ambiental	2.1 Sistema de financiamento
	2.2 Ambiente regulatório
	2.3 Ambiente de inovação e empreendedorismo
	2.4 Infraestrutura e logística
3. Relacionamento	3.1 Carteira de clientes/contratos
	3.2 Fornecedores
	3.3 Marca — reputação
	3.4 Rede — fornecedores e clientes
	3.5 Inserção no mercado

Continua

Capital (6)	Ativos/competências (19)
4. Estrutural	4.1 Sistema de governança corporativa
	4.2 Processos
–	4.3 Capacidade de inovação
5. Humano	5.1 Gestores
	5.2 Operadores
6. Financeiro	6.1 Confiabilidade do administrador
	6.2 Administração estratégica do risco
	6.3 Inteligência financeira

O capital estratégico

É composto por dois ativos: sistema de monitoramento do mercado e sistema de formulação da estratégia. O quadro 5 apresenta detalhes.

Quadro 5

Capital estratégico

Ativos/competências (2)	Indicadores (6)
Sistema de monitoramento do mercado	Processos de captura da informação
	Transformação de informação em conhecimento
	Processos de disseminação do conhecimento
Sistema estratégico	Processos de formulação
	Processos de implementação
	Processos de acompanhamento

O capital estratégico está inserido na discussão das capacitações dinâmicas. Segundo Teece (1998) é a capacidade da empresa de perceber e se apropriar (*to sense and to seize*) das oportunidades apresentadas no ambiente externo.

O capital ambiental

Traduz a riqueza do *sistema local de inovação* onde a empresa está localizada. Ele é um capital externo à empresa. Empresas inseridas em ambientes prósperos e estáveis, com cultura e valores adequados ao crescimento possuem acentuadas vantagens competitivas sobre seus concorrentes em outras regiões.

ANÁLISE DA EMPRESA   61

O capital ambiental compreende a capacidade da empresa de extrair valor dessa inserção, que é considerada parte de seu intangível. O quadro 6 resume.

Quadro 6
Capital ambiental

Ativos/competências (4)	Indicadores (6)
Sistema de financiamento	Grau de completude de sistema
Ambiente regulatório (aspectos institucionais)	Nível de regulação do setor
Ambiente de inovação (P&D) e empreendedorismo	Aparato de inovação
	Propriedade intelectual
Infraestrutura e logística	Física
	TICs (TI + comunicação)

Detalhando o quadro 6, temos:

❑ sistemas de financiamento (grau de completude do sistema) — do *seed capital* ao *private equity*, subvenções para P&D, financiamentos de longo prazo;

❑ ambiente regulatório (nível de regulação do setor) — nível de atuação das agências reguladoras, especialmente Anvisa em empresas de biotecnologia. Compreende também os *sistemas tributário e legal,* em nível federal, estadual e municipal, que estimulam a constituição de novas empresas, permitindo, pelo menos nos anos iniciais, menor pagamento de impostos e de encargos sobre a folha de pagamento;

❑ ambiente de inovação e empreendedorismo — aí compreendida a existência de um aparato de inovação: incubadoras de empresas de base tecnológica nos *campus* das universidades — e cultura de risco. Compreende também o sistema de *proteção legal da propriedade intelectual* e os processos de *transferência de tecnologia* das universidades e dos centros de pesquisa para as empresas *start-ups* — problema que vem se constituindo em um dos principais obstáculos ao investimento por parte do *seed capital.*

❑ infraestrutura e logística — compreende a existência de sistemas eficientes de comunicação (banda larga) ou de escoamento da produção, quando for o caso.

62   PLANO DE NEGÓCIOS: UM GUIA PRÁTICO

O *capital de relacionamento* é dividido nos ativos: clientes, fornecedores,
redes (*network*), marca e inserção no mercado conforme quadro 7.

Quadro 7
Capital de relacionamento

Ativos/competências (5)	Indicadores (15)
Carteira de clientes/contratos	Crescimento/renovação Risco/concentração Fidelização Integração — CRM (*customer relationship management*)
Fornecedores	Crescimento/renovação Risco/concentração Fidelização/rentabilidade
Marca — reputação	Empresa Produtos
Rede — fornecedores e clientes	Para desenvolver produtos — P&D Para explorar mercados Governança — grau de articulação
Inserção no mercado	*Market share* Estágio do mercado Estágio tecnológico

Com relação ao quadro 7 temos que:

❑ clientes — não são ativos proprietários da empresa e, portanto, devem ser
conquistados, retidos e rentabilizados. Os indicadores neste caso são: a taxa
de renovação, a concentração de clientes e o consequente grau de risco, o
nível de fidelização e a integração que pode ser evidenciada através de um
sistema de CRM;

❑ fornecedores — recursos necessários para que a empresa permaneça competitiva. A mesma análise acima pode ser aplicada. Tanto com relação a
fornecedores quanto a clientes, quanto mais integrada for a cadeia produtiva
mais valor possuem esses ativos;

ANÁLISE DA EMPRESA

❏ redes — igualmente não são um ativo proprietário e devem ser cultivadas. Referimo-nos à riqueza da rede na qual a empresa está inserida e à possibilidade de explorar o conhecimento e as oportunidades que ocorrem em seu interior. Estas redes podem ser organizações virtuais e *ad hoc*, construídas com a finalidade específica de desenvolvimento conjunto de P&D e de exploração de mercado — tipo consórcios exportadores financiados pela Apex;

❏ marca/identidade — é a forma como a instituição e seus produtos são percebidos pelos públicos interno e externo. Sem dúvida, uma marca forte se traduz em aumento de vendas e margens;

❏ inserção no mercado — considera o nível de penetração mercadológica da empresa (*market share*). Compreende também o estágio da tecnologia (paradigmática ou pré-paradigmática) e a curva de adoção do produto no mercado (inicial, crescimento ou maturidade).

O capital estrutural

É dividido em: processos, inovação e governança corporativa (num segundo momento o BNDES criou o capital de inovação e o capital de governança). Veja quadro 8.

Quadro 8
Capital estrutural

Ativos/competências (3)	Indicadores (13)
Sistema de governança corporativa	Proteção aos minoritários
	Transparência das informações para o mercado
	Controle externo da diretoria
	Responsabilidade social
	Responsabilidade ambiental
	Profissionalização da gestão
Processos	Certificações de processos/qualidade
	Sistemas de gestão (ERPs)
	Sistemas de logística integrada (SCM/EDI) fornecedor/cliente
	Eficiência operacional
	Avaliação do risco operacional
	Domínio tecnológico
Capacidade de inovação	Processo formal de pesquisa, desenvolvimento e inovação (P&D&I) para desenvolver produtos e processos

64 PLANO DE NEGÓCIOS: UM GUIA PRÁTICO

Detalhado o quadro 8:

- governança corporativa — diz respeito à atitude da empresa no que concerne a respeitar os acionistas minoritários, ser transparente em sua comunicação com o mercado e exercer controle externo sobre sua diretoria para atrair investidores. Inclui também a responsabilidade social e ambiental. Uma questão crucial é a profissionalização da gestão. Nas empresas iniciantes é muito comum ver o empreendedor da área de tecnologia se transformar em gestor, o que costuma não dar certo. Os investidores, ao entrar na empresa, tratam de profissionalizar a gestão através da contratação de executivos do mercado. Como estas pessoas são caras, a contratação costuma ser através de baixos salários e opções de subscrição de ações (*stock options*). Outra questão relevante é a forma como as empresas tratam as questões trabalhistas e tributárias, ou seja, problemas apresentados nos processos de auditoria prévia ao investimento, juntamente com as questões ligadas à propriedade intelectual, transferência de tecnologia e marco regulatório (agências). Atualmente, o BNDES transformou este ativo em *capital de governança*, dada a sua importância;

- processos — à medida que a empresa vai deixando o estágio inicial e se tornando uma empresa em crescimento, os processos vão adquirindo importância. Muito provavelmente ela deverá buscar uma segunda rodada de captação de um *venture capitalist* (VC) e deverá estar razoavelmente organizada. Ao entrar na fase paradigmática as improvisações não são mais possíveis — as empresas começam a lutar por custo. Os principais indicadores são, então: a qualidade (que pode ser observada através das certificações obtidas); a existência de sistemas de gestão; a implantação de sistemas de logística integrada, de sistemas de medição da eficiência operacional (orçamentos, sistema de custos, BSC etc.) e de sistemas de avaliação de risco operacional, este medido pelo grau de alavancagem operacional — *trade off* entre custo fixo e custo variável. O último indicador é o domínio tecnológico, ou seja, até que ponto a empresa tem domínio da tecnologia ou depende de parceiros para dar suporte, manutenção e realizar novos desenvolvimentos;

- capacidade de inovação — diz respeito à capacidade de inovar, que pode ser observada pela existência de um processo formal de P&D, pela taxa de

ANÁLISE DA EMPRESA 65

lançamento de novos produtos e pela taxa de inovação em processos. Também este ativo foi transformado pelo BNDES em *capital de inovação*.

O capital humano

Envolve operadores e gestores (ver quadro 9). As pessoas não pertencem à empresa, portanto o termo *capital* deve ser usado com cautela. O pessoal do RH não gosta sequer de falar em recursos humanos, preferindo o termo *pessoas*.

Quadro 9

Capital humano

Ativos/competências (2)	Indicadores (8)
Gestores	Adequação dos gestores aos objetivos da empresa
	Capacitação/gestão de competências
	Comprometimento com resultados
	Motivação/*turnover*
Operadores	Adequação dos operadores aos objetivos da empresa
	Capacitação
	Comprometimento com resultados
	Motivação/*turnover*

A análise do capital humano determina a *adequação dos gestores e operadores aos objetivos da empresa, sua capacitação, comprometimento com resultados, motivação e retenção.*

Uma das discussões mais frequentes é a questão da delegação (*empowerment*). Quanto mais poder se transfere para os operadores, maior a chance de a empresa ser bem-sucedida. Na verdade, o que vemos com maior frequência são operadores sem o menor discernimento e poder de decisão engessados por sistemas pouco inteligentes. Neste caso o operador é um mero apêndice — dispensável — da máquina.

O capital financeiro

É composto pelos ativos e indicadores mostrados no quadro 10.

Quadro 10
Capital financeiro

Ativos/competências (3)	Indicadores (5)
Confiabilidade	Conduta do controlador
Administração estratégica do risco	*Hedge* financeiro Processos de planejamento formalizados na aprovação de investimentos
Inteligência financeira	Competência em gerir o endividamento Capacidade em captar novos aportes

Sobre tais ativos e indicadores, acrescentamos:

❑ confiabilidade dos gestores — os investidores avaliam primordialmente as pessoas. A conduta do controlador nos aspectos éticos, morais, comportamentais é relevante na decisão do investimento;

❑ administração estratégica do risco financeiro — é a competência da empresa em administrar o risco financeiro através de *hedge* (compra de proteção nos mercados de derivativos), planejamento formal e outras ferramentas. A proteção através do *hedge* legítimo não deve ser confundida com apostas especulativas. Se, por exemplo, a empresa importou equipamento para pagamento em moeda estrangeira em 120 dias e está insegura sobre o comportamento da taxa de câmbio, é legítimo fazer uma operação de travamento de taxa no valor do equipamento;

❑ inteligência financeira — competência em maximizar o valor do investimento dos acionistas através de ações de alavancagem financeira e operacional. Neste caso uma boa gestão do endividamento poderá adiar a necessidade de novas captações, reduzindo a diluição da participação acionária dos acionistas atuais.

Capítulo 6

Elementos do marketing e proposição de valor

Figura 13
Elementos do marketing e proposição de valor dentro do processo de elaboração do plano de negócios

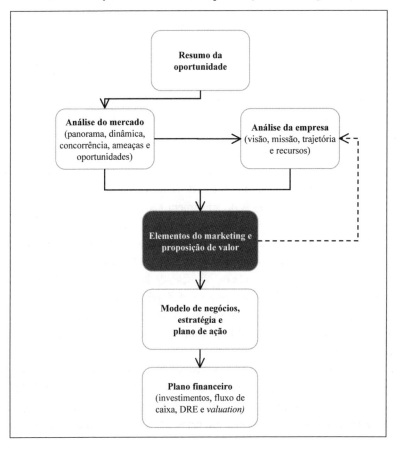

68 PLANO DE NEGÓCIOS: UM GUIA PRÁTICO

Elementos do marketing

Segundo Kotler (2000), o plano de marketing segue o modelo dos 4 Ps: produto, distribuição (praça), promoção e preço. A inclusão dos elementos do marketing neste capítulo tem como objetivo apresentar conceitos e ferramentas que poderão ser úteis para o empreendedor na elaboração do plano de negócios. Entretanto, a aplicação de muitos destes conceitos estará vinculada ao resultado das análises realizadas nas seções "Proposição de valor", "Modelo de negócios" e "Planejamento estratégico", mais adiante.

Produtos e serviços

Sabemos atualmente que o conceito de produto, de forma isolada, não se sustenta mais. É necessário agregar serviços aos produtos. A caneta Bic é uma caneta ou uma conveniência? Os teatros inovaram ao estimular um serviço de vans que buscam e levam as pessoas em casa. Os restaurantes incentivaram os serviços de manobristas. É o conceito de produto completo: produto mais serviço.

No exemplo que desenvolveremos mais adiante, o Alfa Lab (laboratório de análises clínicas) pretende, além de manter o seu produto atual, lançar uma nova família de produtos — exames de alta complexidade. Para tanto estabelecerá parcerias com centros de pesquisa e instalará um P&D interno através da contratação de um pesquisador renomado. O plano de metas (detalhado no capítulo 7 — seção "Plano de ação") indica que a empresa deseja construir uma carteira através do lançamento constante de novos produtos e, talvez, serviços.

Para tanto devemos ter consciência de que os recursos do investidor deverão ser aplicados em uma alavancagem inicial. As demais ações e produtos deverão ser financiados através de retenção de lucros, sob pena de diluirmos as participações acionárias dos empreendedores e dos investidores.

Uma ferramenta útil para examinarmos o equilíbrio da carteira é a matriz construída pelo Boston Consulting Group, conhecida como matriz BCG, ilustrada na figura 14.

No quadrante superior direito temos um ponto de interrogação: são os novos produtos que estão sendo lançados no mercado. No caso do Alfa Lab o plano é lançar novos produtos a cada ano. Estes produtos são grandes sugadores de caixa e não geram receita inicialmente, tendo, portanto, um *burn rate* (fluxo de caixa negativo) muito alto. Representam também um risco alto, uma vez que nem todos deverão ser aceitos pelo mercado. Existe também o risco representado pela definição do padrão tecnológico. Uma carteira bem administrada deve limitar a quantidade de novos produtos — a menos que o plano de negócios tenha por objetivo examinar o lançamento de um novo produto em uma empresa iniciante (*start-up*).

Figura 14
Matriz BCG

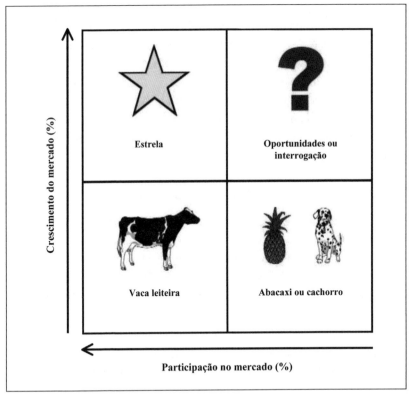

Fonte: Boston Consulting Group.

No quadrante superior esquerdo temos os produtos que deixaram de ser apostas e iniciaram seu crescimento no mercado. Estes produtos são ainda sugadores de caixa, mas já deverão estar mais próximos do ponto de equilíbrio.

70 PLANO DE NEGÓCIOS: UM GUIA PRÁTICO

A decisão entre manter a taxa de crescimento ou se acomodar em um nicho dependerá da oportunidade, da visão da empresa, do seu fluxo de caixa e de sua opção entre crescimento e rentabilidade.

No quadrante inferior esquerdo temos o que o mercado denomina de produtos vaca leiteira (*cash cow*). Neste quadrante os produtos tornam-se geradores de caixa devido à menor necessidade de investimentos. Neste estágio o mercado já está maduro, novos *players* estão entrando, a luta por redução de custos é incessante e inclui terceirização da produção de manufatura em países como a China, ou terceirização de serviços em países como a Índia. O risco de obsolescência tecnológica aumenta.

Finalmente, no quadrante inferior direito, temos os cachorros de estimação (*pet dogs*), ou abacaxis. São produtos, ou até unidades de negócios, que se tornaram obsoletos e devem ser descontinuados. Um exemplo seria o equipamento de fax no momento que surge a internet.

O ciclo não necessita seguir esta linearidade. A qualquer estágio do ciclo de vida um produto pode se tornar obsoleto e se transformar em um *pet dog*. Atenção: resista à tentação de viabilizar produtos que claramente devem ser descontinuados; seu prejuízo só aumentará.

Uma aplicação da matriz BCG ao portfólio de uma start-up

O plano de negócios de uma *start-up* deve apresentar uma matriz BCG. Sabemos que os investidores se defrontam com o dilema do *burn rate* — seus recursos financeiros são escassos e devem levar a empresa de um ponto A para um ponto B. Tudo que eles não querem é serem obrigados a saltar entre dois pontos. Neste caso a matriz pode ter uma interpretação mais financeira, como mostrado na figura 15.

Os pontos X na matriz indicam a que distância os produtos em desenvolvimento se encontram do mercado e seu potencial de crescimento. Produtos muito distantes do mercado devem ser observados com cuidado. Por outro lado, deve-se observar a existência de um produto *cash cow* — geralmente um desenvolvimento sob encomenda (por exemplo, uma consultoria) que acaba desviando o foco do desenvolvimento do produto.

Figura 15
Exemplo de aplicação da matriz BCG ao portfólio de uma start-up

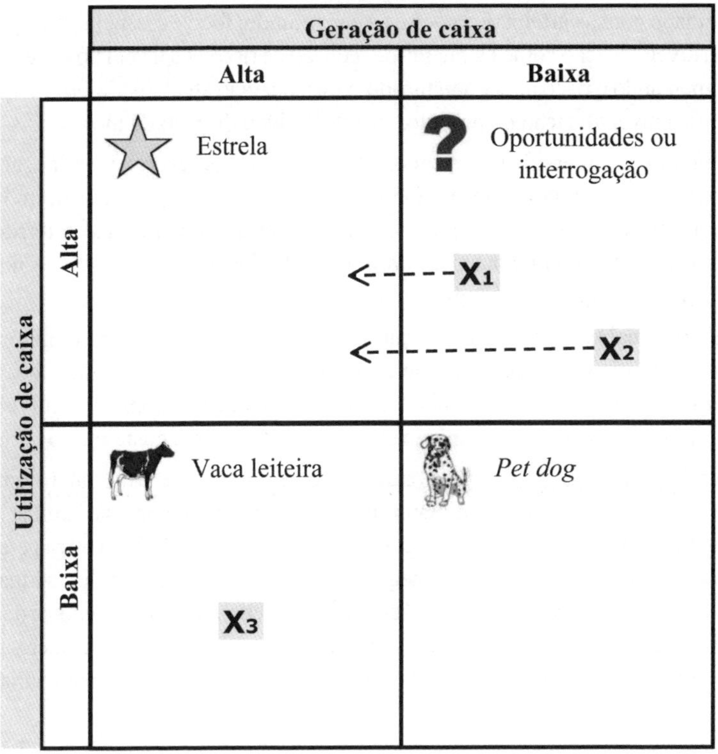

	Geração de caixa	
	Alta	**Baixa**
Utilização de caixa — Alta	☆ Estrela	? Oportunidades ou interrogação $\Leftarrow$ ---- X_1 $\Leftarrow$ --------- X_2
Utilização de caixa — Baixa	🐄 Vaca leiteira X_3	🐕 *Pet dog*

Aplicação da matriz BCG a empresas em expansão ou maduras

Não existem regras de composição de carteira. Empresas mais conservadoras e cuja visão de longo prazo priorize a distribuição de dividendos serão mais avessas ao risco e suas carteiras serão mais baseadas em produtos geradores de caixa (*cash cow*). O contrário se verifica: empresas mais agressivas terão uma taxa de lançamento de novos produtos maior e tenderão se apropriar de uma fatia maior do mercado. Portanto, se você está pensando em construir uma empresa agressiva, trate de buscar financiamentos adequados para tal através de investidores ou através de linhas de crédito de longo prazo.

Alguns cuidados na expansão de produtos ou conquista de novos territórios

❏ Cuidado com a carteira que você está construindo: foco é essencial. Não pense em diversificação como estratégia de redução de risco. Ao fazer isto você estará aumentando o risco de ser flanqueado no seu negócio atual. Este alerta se aplica tanto à diversificação de produtos quanto à diversificação de mercados.

❏ Cuidado ao diversificar mercado. Muitas empresas resolvem se lançar em programas de exportação ou abertura de filiais no exterior, ou mesmo em abertura de novos mercados no Brasil sem ter ainda explorado o território em que estão atualmente. Isto abre a oportunidade para entrada de novos concorrentes que irão diminuir seu *market share*.

❏ Se você realmente pretende lançar um novo produto ou entrar em um novo mercado, construa um plano de negócios, busque um investidor, faça um *spin-off* (ainda que interno). Não trate esse novo negócio como uma atividade marginal, uma ação oportunística, pois isto geralmente custa muito caro.

❏ Verifique também as sinergias entre os novos produtos e os produtos atuais. Recentemente examinei um plano de negócios de uma empresa familiar, um supermercado cujo público-alvo era das classes de renda C e D. A nova geração estava submetendo um plano de negócios para lançamento de uma loja virtual na internet para atender às classes de renda A e B. Alertei os empreendedores de que seria melhor construir essa loja dissociada do negócio atual, pois a sinergia era muito baixa e havia o risco de o negócio principal matar o negócio iniciante.

Política de qualidade

Existe uma certa tentação em afirmar: surpreenda o cliente oferecendo produtos e serviços que ele nunca imaginou. Cuidado, pode dar errado. Qualidade significa o que combinamos com o cliente: a entrega do produto na forma combinada — especificação, prazo de entrega, quantidades corretas, durabilidade adequada. Lembre-se de que o nível de integração das cadeias produtivas é cada vez maior. Uma falha de abastecimento pode gerar grandes prejuízos. Também, como exemplo, o que vale uma durabilidade excessiva em produtos de moda, se eles serão descartados ao passar a estação? Ou de que adianta uma fábrica de tecidos investir em equipamentos de acabamento quando a moda é de roupa lavada nas pedras (*stone washed*)?

Nos serviços a qualidade é controlada pelo acordo de nível de serviço ou *service level agreement* (SLA). Ao terceirizar uma atividade, cliente e fornecedor devem estabelecer o acordo. Por exemplo: em uma corretora que operava

ELEMENTOS DO MARKETING E PROPOSIÇÃO DE VALOR 73

mercados sensíveis, tipo BM&F, as ligações de clientes deveriam ser atendidas antes do quarto toque. Este era o padrão de mercado. Se alguma corretora resolvesse mudar este comportamento passando a atender no primeiro toque deveria aumentar o tamanho da mesa e o número de operadoras. O cliente estaria disposto a pagar por isto? Talvez sim, talvez não. O importante é que o aumento de qualidade seja remunerado direta ou indiretamente (aumento de preço ou conquista de novos clientes).

Distribuição

A distribuição trata do desenvolvimento de mercados e da construção do canal de disponibilização dos produtos e serviços aos consumidores.

Um modelo interessante de análise é conhecido como matriz produto × mercado (figura 16), que foi apresentado por Ansoff (1977).

Figura 16
Matriz produto x mercado

Produtos		
Existentes	**Novos**	
Penetração de mercado	**Desenvolvimento de produtos**	Existentes (Mercados)
Desenvolvimento de mercado	**Diversificação**	Novos

Fonte: Ansoff, 1977.

74   PLANO DE NEGÓCIOS: UM GUIA PRÁTICO

Produto atual no mercado atual — penetração de mercado

O quadrante superior esquerdo reflete uma estratégia de penetração de mercado — vendo mais do mesmo produto no cliente ou segmento atual. Se já sou um fornecedor relevante de alguns bancos, que outros bancos poderão comprar os meus produtos ou serviços? Ou, ainda: que outros departamentos deste mesmo banco poderão estar interessados nos meus produtos ou serviços? Neste segundo caso devemos ter cuidado, pois, apesar de pertencerem à mesma organização, departamentos diferentes costumam ter interesses diferentes. Em todo caso, é a estratégia de menor risco e maior eficiência no curto prazo: reduz o investimento necessário e coloca a empresa mais próxima do ponto de equilíbrio. Mas, como tudo na vida, esta estratégia não é perfeita: no longo prazo pode ser perigosa devido à concentração de carteira. É uma decisão essencialmente de risco.

Produtos novos em mercados atuais — desenvolvimento de produtos

Que outros produtos posso oferecer aos meus clientes atuais?

É uma estratégia onde o risco começa a se tornar mais forte. Estar no cliente atual reduz o meu esforço de desenvolvimento de mercados e o risco do desconhecimento. É uma estratégia interessante quando o produto atual já está próximo da saturação. Empresas de terceirização (*outsourcing*) de pessoal de desenvolvimento de software (*body shop*), ao perceberem que seus clientes, especialmente os bancos, haviam iniciado um movimento de terceirização do desenvolvimento de sistemas e, portanto, iriam necessitar de menos recursos humanos, passaram a ofertar este produto. Para tanto trataram de montar unidades de desenvolvimento de software, construir e certificar processos, especialmente a certificação CMM-5. O produto migrou, mas o cliente continuou sendo o mesmo. O risco, no caso, estava no DNA da empresa, que deixou de ser uma companhia na qual o maior ativo era o banco de talentos e a maior competência estava em RH, para se tornar uma empresa desenvolvedora de sistemas, na qual os processos e as certificações deveriam ser o maior atrativo.

Produtos atuais em novos mercados — desenvolvimento de mercados

Neste tipo de estratégia o risco aumenta, pois, apesar de o produto ser o mesmo, desconhecemos os clientes. Possivelmente o produto deva ser customizado para este novo mercado — cultura dos usuários, ambiente regulatório, concorrência

ELEMENTOS DO MARKETING E PROPOSIÇÃO DE VALOR 75

local. A estratégia de menor risco é começar com uma expansão geográfica próxima ao seu território atual. Se a empresa atua no Rio de Janeiro e pretende abrir uma filial em Belo Horizonte, provavelmente não encontrará maiores problemas. Porém, se ela atua no Brasil e pretende agora atuar nos Estados Unidos, deve tomar cuidado com o ambiente regulatório. E se o novo mercado for a China?

Uma outra forma de desenvolver mercados é abrir uma nova vertical de mercado — a empresa fornece para o segmento financeiro "bancos" e pretende agora fornecer para o mesmo segmento financeiro, porém "seguros". Parece igual, porém é diferente. Mais arriscado é se ela fornece para o segmento "bancos" e pretende oferecer no segmento "farmacêutico"; aí já é muito diferente e o risco aumenta.

Todos estes desenvolvimentos — produtos ou mercados — devem ser cuidadosamente estudados e suportados por planos de negócios. Em alguns casos *spin-offs* podem ser recomendados.

Diversificação — novos produtos em novos mercados

Trata-se de um aparente suicídio. A empresa abandona o seu mercado e busca uma viagem ao desconhecido. Investidores fogem desta estratégia como gato foge da água. Dificilmente a empresa encontrará algum investidor ou financiador. No entanto, se você quer insistir nesta estratégia faça um *spin-off*, contrate pessoas especializadas, confira autonomia, busque financiamentos e investidores, construa um plano de negócios, construa as competências e os ativos intangíveis. Preferencialmente fique no conselho e atue como investidor financeiro construindo uma carteira.

Em tempo: verifique se é interessante manter o negócio atual. Se ele for uma *cash cow,* você sempre poderá encontrar um comprador para ele e reforçar seu caixa; se for um *pet dog,* simplesmente feche sem remorso.

Canal de distribuição

Nas fases iniciais da empresa as vendas são diretas — geralmente realizadas pelo empreendedor. À medida que se avança no ciclo de vida do produto, o canal vai se tornando mais crítico e a tendência é a utilização de canais múltiplos.

São exemplos de canal de distribuição:

76 — Plano de Negócios: um Guia Prático

- vendas diretas realizadas pelo executivo de vendas da empresa — *start-ups*;
- equipe de vendas internas;
- representantes comerciais autônomos;
- cadeias de varejo da marca (lojas próprias ou franqueadas) com exclusividade do produto no ponto de venda — produtos próprios ou homologados;
- franquias de serviços — academias, clínicas etc.;
- varejo multimarcas — seu produto não tem exclusividade no ponto de venda;
- internet — lojas virtuais como, por exemplo Americanas.com (canal complementar à rede física), ou Amazon.com (puramente internet).

A importância do canal pode ser ilustrada através de um exemplo que já está se tornando clássico: é a comparação entre a caneta Mont Blanc e a caneta esferográfica Bic. A primeira é um objeto de luxo, que deve ser encontrado em lojas especializadas da marca. Se você encontrar uma Mont Blanc verdadeira em uma loja popular pela metade do preço, provavelmente não a comprará, pois a mística da marca foi destruída.

Já a caneta Bic deve possuir uma distribuição capilarizada — conceito de conveniência. Tem de ser encontrada em bancas de jornal do seu bairro e você tem que poder comprá-la em um domingo. O cliente compra o produto que estiver mais à mão, independentemente da marca.

Eficiência do canal de distribuição

Ao construir uma distribuição nacional, a questão mais usual é a forma de explorar o território: diretamente ou através de terceiros. Existem empresas que optam por ter apenas instalações próprias — lojas de varejo ou de prestação de serviços. Com isto são responsáveis pelo investimento, pela gestão e se apropriam da totalidade dos riscos e dos resultados.

Outras empresas optam pela terceirização. A rede Accor não é proprietária de hotéis — são todos franquias da marca. O McDonald's foi construído mundialmente através de um modelo de franquias.

Ao decidir franquear um território o franqueador deve sempre analisar a taxa de retorno desta decisão — velocidade de crescimento com renúncia a resultados *versus* aceleração do crescimento.

Ao construir um canal de distribuição internacional deve-se optar pela terceirização, pois o custo do canal próprio deverá ser muito elevado.

ELEMENTOS DO MARKETING E PROPOSIÇÃO DE VALOR

O canal de distribuição é um dos ativos intangíveis que mais valor agrega à marca. Investidores injetam recursos na construção de canais porque as empresas investidas se tornam muito atraentes para os investidores estratégicos. Isto se aplica a empresas produtoras de manufaturas, empresas de serviço e de base tecnológica. O fundo Criatec investiu em uma pequena empresa de base tecnológica, Rizoflora, *spin-off* da Universidade de Viçosa. Esta empresa produz um biodefensivo que se aplica na raiz das plantas para combate de uma praga conhecida pelo nome de nematoide. É um mercado mundial de bilhões de dólares. A empresa deve estar preocupada não somente em desenvolver novos produtos, mas, principalmente, em fazer o produto chegar até o cliente. É uma questão de montagem do canal de distribuição.

Ao terceirizar o canal alguns cuidados devem ser tomados:

- escolha correta do franqueado — entre um candidato com maior poder financeiro e menos comprometimento, e outro mais comprometido, porém de menor poder financeiro, escolha o segundo. Capitalistas descomprometidos costumam abrir várias frentes e não dar conta de cuidar adequadamente do negócio;

- verifique se o seu negócio tem potencial para transformar o negócio de seu franqueado em uma história de sucesso. Franquias não devem ser construídas para resolver problemas de excesso de estoques do franqueador;

- acompanhe os resultados — garanta que o seu franqueado consiga extrair o resultado esperado para o território;

- redija um bom contrato — duro, mas justo. Esteja certo de que você possa retomar a franquia sem maiores problemas em caso de dano à marca, infração ao contrato, conflito de interesses, entre outras questões.

Lembre-se de que você está construindo um negócio de longo prazo e não de oportunidade.

Promoção

Trata-se da forma de avisar aos clientes que você existe ou está lançando um novo produto. Nas fases iniciais a promoção é feita diretamente, através de visitas a clientes, participações em feiras e congressos, organização de eventos, publicação de artigos, site na internet e mídia espontânea. Uma forma de gerar mídia espontânea é a assessoria de imprensa.

78   PLANO DE NEGÓCIOS: UM GUIA PRÁTICO

Na medida em que o produto avança na curva de adoção e aumenta a base de usuários devemos usar formas de comunicação mais abrangentes. Além das formas já citadas pode-se pensar, dependendo do produto, em algumas mídias alternativas — placas nos aeroportos, mídia digital de nicho, jornal de bairro, entre outras.

Os laboratórios farmacêuticos, por exemplo, investem pesadamente em equipes que visitam os médicos diariamente.

Recentemente o fundo Criatec investiu na empresa Edge IT (www.edgeit. com.br). Segundo definição do site, a "Edge IT é uma empresa especializada em desenvolvimento de soluções para gerenciamento e distribuição de conteúdo, *digital signage*, IPTV e redes de audiência cativa". É uma solução de baixo custo, se comparada à mídia convencional, pois atinge o cliente onde ele está.

Não esqueça, portanto, de estabelecer, no plano de negócios, um programa de promoção com orçamento específico.

Preços

O quarto elemento do plano de marketing, segundo Kotler (2000), é o preço. Existem algumas formas de pensar a precificação. Neste capítulo examinaremos as seguintes:

❑ custos;

❑ mercado — proposição de valor;

❑ elasticidade preço.

Precificação por custos

Já foi mais aceita pelos investidores como elemento central de precificação. Consistia em somar, aos custos, as despesas de venda, impostos e lucro desejado para, então, chegar ao preço de venda. Atualmente esta metodologia é utilizada complementarmente para saber se, dado um preço de venda e um conjunto de custos, a empresa tem condição de competir no mercado com aquele produto.

COMO CHEGAR AO PREÇO DE VENDA A PARTIR DOS CUSTOS

Vamos admitir que o Alfa Lab pretenda lançar um novo tipo de exame cujo preço de mercado seja estimado em R$ 100. Os impostos incidentes sobre venda são de 10%, os materiais alocados ao exame custam R$ 25, e deverá ser criada uma estrutura de custo fixo direto da ordem de R$ 5 mil/mês. O custo mensal do

ELEMENTOS DO MARKETING E PROPOSIÇÃO DE VALOR 79

leasing do equipamento é de R$ 2 mil. Considerando um potencial de realização de 150 exames/mês, saber se o preço de R$ 100 atende a estas condições. A Alfa Lab só entrará no negócio se a margem aos custos fixos indiretos[16] for superior a 15% do faturamento, e se o ponto de equilíbrio for inferior a 60%. Veja a tabela 7.

Tabela 7
Cálculo do ponto de equilíbrio

Item	Forma de cálculo	Resultado
Receita	R$ 100 × 150	R$ 15.000
(–) Impostos sobre vendas (10%)	10%	R$ 1.500
(=) Receita líquida		R$ 13.500
(–) Custo dos materiais	R$ 25 x 150	R$ 3.750
(=) Margem de contribuição		R$ 9.750
(–) Custo fixo direto		R$ 5.000
(–) *Leasing*		R$ 2.000
(=) Margem aos custos fixos indiretos		R$ 2.750
Margem sobre vendas		18%
Ponto de equilíbrio		
Custos fixos diretos	R$ 5.000 + R$ 2.000	R$ 7.000
Margem por unidade	R$ 9.750 ÷ 150 exames	R$ 65
Ponto de equilíbrio — número de exames/mês	R$ 7.000 ÷ R$ 65	108
Ponto de equilíbrio — número de exames	108 ÷ 150	72%

A tabela 7 mostra que, apesar de a margem aos custos fixos indiretos ter ficado superior aos 15% desejados, o ponto de equilíbrio é muito alto — 108 exames/mês, o que corresponde a 72% da capacidade máxima de produção.

Análise do ponto de equilíbrio

O ponto de equilíbrio é uma medida do risco operacional: quanto mais próximo de zero, menor o risco. A forma de calcular o ponto de equilíbrio (ver tabela 8 e figura 17) é a seguinte:

---

[16] Custos fixos indiretos: custos de uma estrutura superior (*overhead*) que não serão afetados pelo novo produto. Solicitamos não ratear os custos fixos indiretos nas tomadas de decisão.

Ponto de equilíbrio = custos fixos ÷ margem unitária

Tabela 8
Análise do ponto de equilíbrio
Variação da margem em função da quantidade de exames

Item	Q1	Q2	Q3	Q4
Exames mês	0	54	**108**	150
Receita bruta (R$)	0	5.400	10.769	15.000
(–) Impostos (R$)	0	540	1.077	1.500
(=) Receita líquida (R$)	0	4.860	9.692	13.500
(–) Custo variável total (R$)	0	1.350	2.692	3.750
(=) Margem de contribuição aos custos fixos (R$)	0	3.510	7.000	9.750
(–) Custo fixo (R$)	7.000	7.000	7.000	7.000
(=) Margem aos custos fixos indiretos (R$)	–7.000	–3.490	**0**	2.750

Figura 17
Ilustração do ponto de equilíbrio

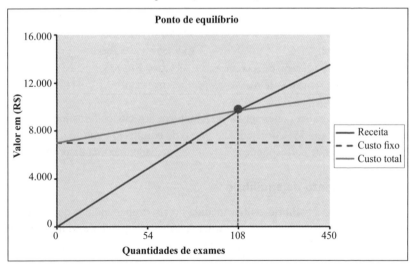

Verifica-se que abaixo de 108 exames a empresa opera com prejuízo. No ponto de equilíbrio o lucro é zero, e somente acima de 108 exames ela começa a ser rentável.

ELEMENTOS DO MARKETING E PROPOSIÇÃO DE VALOR

Como a capacidade máxima de produção é de 150 exames, 108 exames representam 72% dessa capacidade.

Conforme já explicitado em nota de rodapé os custos fixos indiretos não fazem parte dessa análise e não devem ser rateados. O único momento em que se considerariam os custos fixos indiretos seria nas decisões de fechamento total do negócio.

Precificação por proposição de valor

Esta abordagem é a preferida do investidor, e se encontra detalhada na seção "Proposição de valor", deste capítulo.

Precificação por elasticidade preço da demanda

Mede a sensibilidade da demanda por produtos aos preços. Sua maior aplicação é em produtos homogêneos — *commodities* em mercados maduros. À medida que o preço diminui o consumo tende a aumentar, como mostrado na tabela 9, na qual a elasticidade preço da demanda é calculada pela fórmula

$$Ep = ((Q_2 - Q_1) \div (P_2 - P_1)) \times -1$$

Tabela 9
Elasticidade preço

Item	1	2	3	4
Preços	180	160	132	100
Quantidades	90	95	130	190
Elasticidade preço	—	0,25	1,25	1,88

No exemplo acima: $((95 - 90) \div (160 - 180)) \times -1 = 0,25$

Produtos com elasticidade preço menor que 1 são ditos inelásticos e com elasticidade preço maior que 1 são denominados elásticos. No exemplo acima, para um determinado nível de preço (R$ 180) a curva é inelástica e um desconto de 11% foi insuficiente para alavancar o consumo, que cresceu apenas 5,5%. À medida que os preços vão caindo, a resposta do consumo vai aumentando e adquirindo elasticidade positiva.

Esta relação preço/quantidade pode dar ensejo a uma equação onde se pode calcular a melhor combinação de preços e quantidades. A tabela 10 ilustra.

Tabela 10
Elasticidade preço
Variação das quantidades de exames em função dos preços e obtenção da margem máxima

Item	Q1	Q2	Q3	Q4
Preço (R$)	160	132	**100**	90
Quantidade	95	130	**190**	200
Receita (R$)	15.200	17.160	19.000	18.000
Custo variável direto (R$ 30/unidade)	2.850	3.900	5.700	6.000
Margem (R$)	12.350	13.260	**13.300**	12.000

Observe que inicialmente a margem cresce, e, à medida que os preços continuam a decrescer, a margem decresce. A figura 18 ilustra.

Figura 18
Ilustração da elasticidade preço
(Margem máxima)

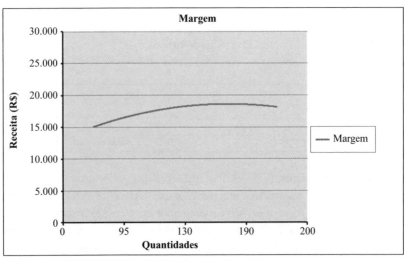

ELEMENTOS DO MARKETING E PROPOSIÇÃO DE VALOR 83

Os economistas já perceberam que será possível encontrar uma melhor combinação de preços e quantidades, que tornará o lucro máximo. No entanto este exercício só se aplicará em algumas situações já mencionadas.

Proposição de valor

Proposição de valor é o produto ou o serviço que a empresa pretende entregar ao mercado. Ela traduz uma troca *(trade-off)* entre o conjunto de atributos oferecidos aos clientes e o preço que a empresa pretende cobrar por isso. A figura 19, inspirada em Porter (2000), ilustra.

Figura 19
Proposição de valor

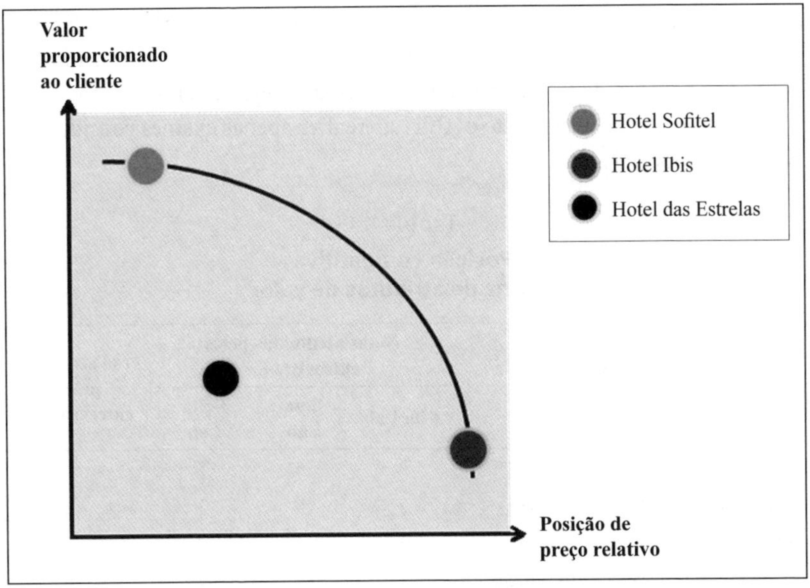

Fonte: Baseada em Porter (2000).

Na ilustração acima temos dois hotéis da rede Accor (Sofitel e Ibis), cada qual com a sua proposição de valor. O Sofitel é um hotel cinco estrelas, que oferece um conjunto de atributos *(fitness center*, piscina, restaurante três estrelas etc.)* enquanto o Ibis é um hotel conveniência, geralmente localizado próximo dos aeroportos e que oferece um serviço básico. Evidentemente os preços acompanham as diferentes proposições de valor.

84 PLANO DE NEGÓCIOS: UM GUIA PRÁTICO

O círculo central mostra o Hotel das Estrelas, cuja proposição de valor está totalmente desalinhada, isto é, longe da curva de eficiência de mercado — oferece menos serviços por um preço maior.

A questão inicial deste capítulo é: o que o mercado está pedindo e o que posso entregar? Ou seja, qual a proposição de valor da empresa. Isso vai ao encontro das perguntas da MDV apresentadas inicialmente: Que problema você resolve e como irá resolvê-lo?

Matriz de atributos de valor — um modelo de análise

A partir de uma percepção de mercado (capital estratégico), como iremos formular uma proposta de valor?

O processo se inicia com uma pesquisa de mercado para identificar os atributos que os potenciais clientes irão valorizar. Ilustraremos este capítulo simulando a situação de um laboratório de análises clínicas, o Alfa Lab, localizado no bairro de Copacabana e que deseja melhorar seu posicionamento mercadológico. Até o momento o Alfa Lab realiza apenas exames considerados básicos. A tabela 11 ilustra.

Tabela 11

Posição competitiva
Matriz de atributos de valor

Atributos	Notas atribuídas pelos entrevistados			Peso atribuído pelos entrevistados
	Alfa Lab	Beta Lab	Delta Lab	
Tempo de entrega dos resultados	3	5	5	4
Forma de entrega (internet, fax etc.)	2	5	3	5
Planos de saúde — credenciamento	3	4	3	5
Complexidade dos exames que oferece	3	5	4	5
Marca/reputação	4	5	5	5
Qualidade do atendimento	3	5	5	5
Cartão fidelidade (milhagem)	0	5	0	2
Notas	**87**	**150**	**120**	**155**
Notas relativas	58%	100%	80%	—
Preços praticados — tíquete médio (R$)	23	45	38	—
Preços relativos	51%	100%	84%	—

ELEMENTOS DO MARKETING E PROPOSIÇÃO DE VALOR 85

Na tabela 11 temos, na primeira coluna, os atributos tangíveis e intangíveis que compõem a proposição de valor das empresas. Nas colunas seguintes as notas que os entrevistados deram para os concorrentes e para o próprio Alfa Lab. A última coluna explicita o peso, ou seja, a importância que os entrevistados atribuíram a cada um dos atributos.

A linha "notas" traz o somatório das multiplicações das notas pelos pesos. Assim, por exemplo, o Alfa Lab conseguiu uma nota 87, conforme mostrado a seguir.

$$(3 \times 4) + (2 \times 5) + (3 \times 5) + (3 \times 5) + (4 \times 5) + (3 \times 5) + (0 \times 2) = 87$$

Esta nota 87 representa 58% da nota obtida pelo Beta Lab (150), considerado referência do mercado. O Alfa Lab pratica um preço médio de R$ 23, correspondente a 51% do preço praticado pelo Beta Lab.

Desta forma podemos dizer que a proposição de valor do Alfa Lab está próxima de um alinhamento à curva de eficiência de mercado, enquanto a do Delta Lab está levemente desalinhada.

O Alfa Lab deverá, agora, decidir se pretende manter a proposição de valor atual ou se pretende alterá-la com base nos resultados apresentados na matriz de atributos de valor.

O modelo das quatro ações da estratégia do oceano azul

Uma forma complementar de abordar esta questão é através da abordagem da *estratégia do oceano azul,* que apresenta um modelo de quatro ações:

❑ Que atributos julgados indispensáveis pelo mercado podem ser eliminados?

❑ Que atributos devem ser elevados acima do padrão de mercado?

❑ Que atributos devem ser reduzidos abaixo do padrão de mercado?

❑ Que atributos nunca oferecidos devem ser agora incorporados ao produto?

Os autores em geral apresentam como exemplo o Cirque du Soleil, que eliminou os animais de seus espetáculos (com grandes vantagens de custo), elevou a qualidade do picadeiro, reduziu o número de picadeiros e incorporou múltiplos espetáculos como forma de atrair novamente o público que já tenha assistido ao espetáculo anterior.

86   Plano de Negócios: um Guia Prático

No caso de empresas iniciantes (*start-ups*), que ainda não tenham valor percebido pelo mercado, esta matriz poderá ser útil para formular uma proposição de valor. As notas devem ser atribuídas pelos empreendedores e refletem sua intenção estratégica.

Quando estivermos diante de um mercado inicial onde não existam ainda ofertas no mercado, a proposição de valor será então aproximada.

Lembramos apenas que uma posição de liderança não é garantia de sucesso se ela estiver muito longe das expectativas dos consumidores. Esta situação pode dar espaço ao surgimento de novos entrantes baseados nessa imperfeição de mercado. Isto ocorreu com a entrada da Gol no mercado, em razão do espaço oferecido pela Varig, e, mais recentemente, com a entrada da Azul, aproveitando o espaço oferecido pelas líderes de mercado.

Proposição de valor e vantagem competitiva

A expressão vantagem competitiva vem se tornando uma expressão vazia pelo seu uso indiscriminado. Para que um atributo seja considerado uma vantagem competitiva o cliente deve reconhecer sua importância e estar disposto a pagar por ele. Além disso, deve ser difícil de ser copiado, ou seja, a *barreira de entrada* deve ser alta. Esta segunda condição é a razão de sua sustentabilidade de longo prazo.

A Petrobras,[17] por exemplo, considera os seguintes fatores como sendo seus diferenciais competitivos:

- posição de mercado dominante na produção, refino e transporte de petróleo e seus derivados no Brasil;
- base de reservas significativa e crescente;
- avançado conhecimento tecnológico para exploração em águas profundas;
- custos reduzidos em decorrência de suas operações serem realizadas em larga escala e da integração de seus segmentos de atuação;
- sólida posição nos crescentes mercados de gás natural do Brasil;
- provado sucesso em atrair parceiros internacionais para todos os ramos de atividade.

---

[17] Disponível em: <www2.petrobras.com.br/portal/frame.asp?area=ris&lang=pt&pagina=/ri/port/ConhecaPetrobras/EstrategiaCorporativa/EstrategiaCorporativa.asp>. Acesso em: out. 2009.

ELEMENTOS DO MARKETING E PROPOSIÇÃO DE VALOR

Se examinarmos apenas o terceiro item, verificaremos que poucas empresas no mundo possuem este conhecimento, o que coloca a Petrobras em posição de vantagem na obtenção de contratos internacionais de prestação de serviços de exploração de petróleo em águas profundas.

Por outro lado a Gol, ao entrar no mercado, inovou com a venda de passagens pela internet e, posteriormente, com o *check-in* também pela internet, com sensível redução de custos. Tais procedimentos, entretanto, não geraram uma vantagem competitiva, uma vez que foram prontamente igualados pela concorrência.

Possuir uma vantagem competitiva sustentável pode levar a empresa a uma situação de monopólio, ainda que temporário. Isto pode ser buscado através de uma correta proposição de valor e investimento no desenvolvimento de ativos intangíveis.

Construção da proposição de valor do Alfa Lab

Os acionistas do Alfa Lab perceberam que havia espaço para melhorar sua oferta e, para tanto, deveriam preparar uma *nova proposta de valor*. Deveriam analisar a razão pela qual a percepção de valor apresentada na matriz de atributos de valor (MAV) apresentou aqueles resultados, e o que poderia ser feito para melhorá-los. O modelo apresentado na tabela 12 ilustra a forma de análise.

Tabela 12

Matriz de atributos de valor

Atributos	Indicadores			Nova proposta de valor Alfa Lab
	Alfa Lab	Beta Lab	Delta Lab	
Tempo de entrega dos resultados (dias)	5	2	2	2
Forma de entrega (internet, fax etc.)	Clientes buscam	Site/ internet	Correio	Site/internet
Planos de saúde — % de credenciamento	50%	80%	50%	80% dos planos
Complexidade dos exames	Baixa	Alta	Média	Alta
Marca/reputação — nota (percepção)	4	5	5	4
Atendimento (% de reclamações)	10%	3%	3%	3%
Cartão fidelidade (milhagem)	Não	Sim	Não	Não
Histórico dos exames no site	Não	Não	Não	Sim

Observa-se que o Alfa Lab, dentro da estrutura mental do modelo oceano azul, propõe oferecer um atributo nunca antes oferecido pelo mercado, que é a publicação do histórico dos exames no site. No entanto, pelo fato de a barreira de entrada ser baixa ela será facilmente igualada.

O que o Alfa Lab deve fazer para atender a esta nova proposta de valor? A resposta será apresentada na seção "Plano de ação", do capítulo 7.

Capítulo 7

Modelo de negócios, estratégia e plano de ação

Figura 20
Modelo de negócios, estratégia e plano de ação dentro do processo de elaboração do plano de negócios

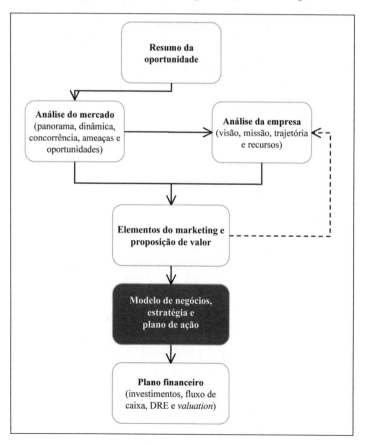

Modelo de negócios

Segundo Rappa (2008) modelo de negócios é a forma de negociar através da qual a empresa gera sua receita. Explicita onde a empresa está inserida na cadeia de valor.

Figura 21
Cadeia de valor

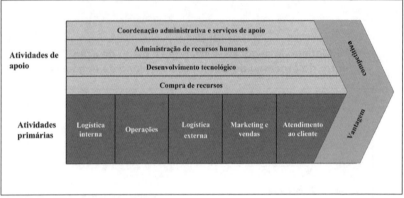

Fonte: Porter, 1986.

Porter (1986) apresentou o modelo representado na figura 21, denominado cadeia de valor. Estas atividades podem ser totalmente internalizadas ou parcialmente terceirizadas. A posição que a empresa ocupa na cadeia de valor ajuda a explicitar seu modelo de negócios.

A forma mais simples é a tradicional — compra e venda de mercadorias. Isto era muito evidente na sociedade industrial, na qual as empresas agiam como entidades isoladas. Uma fábrica de sapatos comprava as matérias-primas, produzia os sapatos e os comercializava junto aos varejistas. Todo o trabalho de transformação era realizado no interior da fábrica.

Na sociedade do conhecimento os negócios se tornaram mais complexos e sofisticados. Todos sabem que a Nike não possui fábricas e que a rede Accor não possui hotéis, sendo apenas administradores da marca. A Fundação Getulio Vargas (FGV) realiza seus cursos de educação continuada (MBAs) parte em sua sede, na cidade do Rio de Janeiro, e parte em outras localidades. Para tanto possui uma rede de conveniados, um grupo selecionado de professores (a maior parte com mestrado e doutorado) que atuam como autônomos, uma central de

MODELO DE NEGÓCIOS, ESTRATÉGIA E PLANO DE AÇÃO 91

qualidade e um grupo de suporte. Contam com cerca de 20 mil alunos sem ter uma única cadeira fora do Rio de Janeiro.

Recentemente participei da elaboração de um plano de negócios para um consórcio exportador de serviços de *design*. Ao entrevistar os participantes do consórcio a mesma questão era sempre formulada por mim: Como você se vê inserido na cadeia de valor? Como exportador de serviços de baixo valor agregado (o conceito seria desenvolvido fora do país e executado no Brasil aproveitando o custo mais baixo) ou como fornecedor de serviços de alto valor agregado, isto é, tendo capacidade de entrar nas fases iniciais do planejamento da solução?

As empresas indianas de software auferem a maior parte de sua receita produzindo linhas de código para as empresas europeias e norte-americanas. São exportadores de serviços de baixo valor agregado.

Empresas *start-ups* de base tecnológica muitas vezes cometem o erro de buscar entrar na fabricação de produtos. O fundo Criatec tem privilegiado investimentos em empresas onde o desembolso em aquisição de ativos tangíveis é o menor possível. No modelo de negócios adotado busca-se sempre complementar o conhecimento diferenciado dos empreendedores com uma produção fabril terceirizada.

Planejamento estratégico

Até aqui já foram analisadas: a oportunidade, a dinâmica do mercado, a empresa, a proposição de valor e o modelo de negócios. Este é o momento de fazer um grande resumo, que servirá de base para as projeções financeiras. Vamos seguir no exemplo do laboratório Alfa Lab.

A oportunidade

Com o advento das terapias celular e molecular, novas formas de diagnósticos e exames clínicos vêm sendo desenvolvidas, especialmente para a população da terceira idade. Esta população (pessoas acima de 60 anos) vem crescendo a uma taxa de 5% ao ano e a perspectiva é passar de uma participação de 15% em 2009 para 18% em 2015.

Mercado

Movimentação dos *players:* dos 20 laboratórios pesquisados na cidade do Rio de Janeiro apenas um está oferecendo tais tipos de exames. Os planos de saúde

92 PLANO DE NEGÓCIOS: UM GUIA PRÁTICO

estão evitando pagar por eles devido ao seu alto custo; no entanto, por pressão dos médicos, dos clientes e da própria ANS, poderão vir a ser obrigados a ceder. Aparentemente outros dois laboratórios poderão passar a disputar este mercado. Os planos de saúde estão montando seus próprios laboratórios — a Amil, adquirindo o laboratório Sérgio Franco e montando seu centro de diagnóstico por imagem; a Diagnóstico das Américas (Dasa) executando uma consolidação do setor através da aquisição de diversos laboratórios, entre eles o Bronstein e o Lâmina.

A empresa

Visão 2015

Tornar-se referência e um dos líderes de mercado na realização de exames de análises clínicas de média e alta complexidades, na cidade do Rio de Janeiro.

Análise da visão 2015

Tornar-se referência e um dos líderes de mercado na realização de exames de média e alta complexidade — realizar exames de alta complexidade com alto nível de precisão, oferecendo sempre os últimos tipos de exames desenvolvidos. Melhorar a percepção de valor do cliente através de ações de melhoria de atendimento e logística de processamento e entrega dos resultados.

Objetivos 2010-2015 e modelo de negócios

Para o período 2010-2015 foram definidos os seguintes objetivos:

- melhorar a proposição de valor do produto atual;
- introduzir um novo produto no mercado — exames de alta complexidade;
- passar do atual laboratório em Copacabana para, no mínimo, 10 unidades de coleta nos bairros da Zona Sul do Rio de Janeiro; destas, três serão próprias e sete serão franquias;
- lançar a primeira unidade franqueada fora da cidade do Rio de Janeiro;
- construir uma intranet para esclarecimentos aos franqueados em caso de dúvidas sobre os laudos.

No Rio de Janeiro os postos de coleta enviariam o material para uma unidade central de processamento. Fora do Rio de Janeiro a franquia seria plena,

Modelo de Negócios, Estratégia e Plano de Ação

montando sua própria central de processamento e abrindo quantos postos de coleta fossem necessários. Os postos de coleta receberiam 30% da receita e o Alfa Lab ficaria com os restantes 70%.

Plano de ação

Tendo sido definidos a *visão*, a *proposição de valor*, o *modelo de negócios* e a *estratégia*, passamos agora ao plano de ação, seguindo o caso do Alfa Lab. A tabela 13 o ilustra.

Tabela 13

Plano de ação: metas 2010-2015

Ações	2010	2011	2012	2013	2014	2015
Melhorar o tempo de entrega						
Construir o site internet/histórico dos exames no site						
Obter credenciamento em 80% dos planos	65%	80%				
Melhorar atendimento						
Oferecer exames de alta complexidade						
Abrir três postos de coleta próprios	1	2				
Abrir sete postos de coleta franqueados			2	5		
Construir uma intranet para suportar os franqueados						

A tabela 13 indica as ações que devem ser executadas para atingir os objetivos propostos anteriormente e sua distribuição ao longo do tempo. Como a consideramos autoexplicativa, nos eximimos de comentar.

Capítulo 8

Plano financeiro

Figura 22

**O plano financeiro
dentro do processo de elaboração do plano de negócios**

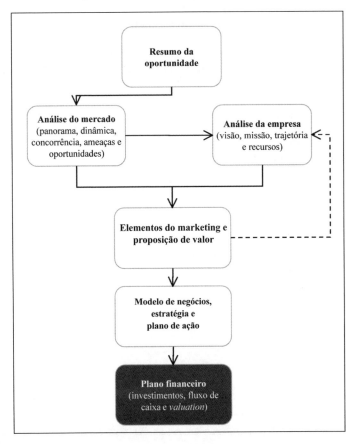

96 PLANO DE NEGÓCIOS: UM GUIA PRÁTICO

Como pode ser observado na figura 22, o plano financeiro compreenderá:

❑ plano de investimentos;

❑ projeção de resultados — demonstração de resultados do exercício;

❑ fluxo de caixa;

❑ *valuation*.

Para facilitar seu entendimento, este capítulo foi inteiramente desenvolvido a partir do exemplo do Alfa Lab.

Plano de investimentos

Tabela 14

Plano de investimentos

Metas	Investimentos	Valores (R$)					
		2010	2011	2012	2013	2014	2015
Melhorar o tempo de entrega	Comprar equipamentos	50.000					
	Capacitar o pessoal do laboratório	20.000					
Entregar pela internet	Construção do site	20.000					
Aumentar % de credenciamento	Contratar profissional	10.000					
Melhorar atendimento	Capacitar o pessoal de atendimento	10.000					
	Relacionamento com o cliente (CRM)	20.000					
	Empowerment dos atendentes	10.000					
Oferecer exames de alta complexidade	Parcerias com centros de pesquisa	15.000					
	Parcerias com laboratórios internacionais	15.000					
	Contratar diretor científico	20.000					

Continua

Plano Financeiro

Metas	Investimentos	Valores (R$)					
		2010	2011	2012	2013	2014	2015
Ampliação de canal*	Abrir três postos de coleta próprios	20.000	40.000				
	Abrir sete postos de coleta franqueados			10.000	25.000		
	Construir uma intranet	10.000					
Total de investimentos		220.000	40.000	10.000	25.000	—	—
Total de investimentos acumulados		220.000	260.000	270.000	295.000	295.000	295.000

* Cada unidade própria corresponde a um investimento de R$ 20 mil e cada franquia R$ 5 mil.

Projeção de resultados/demonstração de resultados do exercício

Objetivos

O plano de negócios de Alfa Lab tem os seguintes objetivos:

- participar no mercado de novos exames especiais (esotéricos), passando de zero em 2010 para 25% em 2015, nos bairros selecionados e na faixa etária selecionada (acima de 60 anos de idade);
- aumentar o *market share* dos exames básicos (rotina), de 25% para 35%, na faixa etária e nos bairros e selecionados.

Segundo informações obtidas no site do laboratório Lâmina os exames de análises clínicas se dividem em exames de rotina e exames esotéricos, os quais requerem equipamento especial e treinamento específico. Veja a diferença entre ambos:

- *exames de análises clínicas de rotina* — aferem as funções vitais dos órgãos do corpo humano e incluem, entre outros, os hematológicos, tais como contagens de células sanguíneas e exames de coagulação; e os químicos, tais como exames de colesterol sanguíneo, glicose e ureia;
- *exames esotéricos* — são análises clínicas menos comuns, que requerem equipamentos especiais ou pessoal especializado. Incluem, entre outros, os

98 PLANO DE NEGÓCIOS: UM GUIA PRÁTICO

endocrinológicos e imunológicos especiais; os especializados em microbiologia (que é o estudo dos organismos microscópicos e seus efeitos em outras formas de vida) e em biologia molecular (que usa as informações moleculares contidas nas células e suas estruturas); os oncológicos, desenvolvidos para prevenção, diagnóstico e acompanhamento de câncer e os toxicológicos, para detectar substâncias químicas e venenosas, bem como seus efeitos no organismo.

Quantificação do mercado: população acima de 60 anos nos bairros selecionados

De acordo com a estratégia descrita no plano de metas, o Alfa Lab traçou metas de abertura de pontos de coleta conforme mostrado na tabela 15.

Tabela 15

Metas de abertura de postos de coleta

Abertura de postos de coletas	2010	2011	2012	2013	2014	2015
Abrir três postos de coleta próprios	1	2				
Abrir sete postos de coleta franqueados			2	5		

Segundo o Instituto Municipal de Urbanismo Pereira Passos (IPP), o público-alvo (pessoas acima de 60 anos) nos bairros selecionados se apresenta conforme tabela 16.

As tabelas a seguir foram elaboradas em planilha Excel utilizando a função *arredondamento* (ARRED). Caso o leitor queira reproduzi-la, deve utilizar essa função.

A tabela 17 considera a população acima de 60 anos de idade projetada para 2010 (os dados do IPP são de 2000), e sua projeção de crescimento até 2015 na classe de renda acima de cinco salários mínimos (consumidores). A tabela 18 faz o mesmo em relação às unidades franqueadas.

PLANO FINANCEIRO

Tabela 16
População residente acima de 60 anos de idade (ano 2000)

Postos de coleta	Bairros	Ano 2000	Projeção para 2010 (aumento 2% a.a.)
Un. própria 1	Copacabana/Leme	43.851	53.454
Un. própria 2	Botafogo/Humaitá	17.146	20.901
Un. própria 3	Tijuca	35.154	42.853
Franquia 1	Flamengo/Glória	16.381	19.968
Franquia 2	Laranjeiras/Cosme Velho	10.382	12.656
Franquia 3	Jardim Botânico/Gávea	6.123	7.464
Franquia 4	Ipanema/Lagoa	14.401	17.555
Franquia 5	Leblon	10.958	13.358
Franquia 6	Barra da Tijuca	16.228	19.782
Franquia 7	Ilha do Governador	24.898	30.351
População total		**195.522**	**238.342**

Tabela 17
Público-alvo nos bairros (unidades próprias) de acordo com plano de investimentos

Bairros	Crescimento (% ao ano)	Consumidores (% na faixa de renda)	Público-alvo (nº de consumidores acima de 60 anos na faixa de renda)					
			2010	2011	2012	2013	2014	2015
Copacabana	2,5	20	10.691	10.958	11.232	11.513	11.801	12.096
Botafogo	2,5	20	—	4.285	4.392	4.502	4.615	4.730
Tijuca	2,5	25	—	10.981	11.256	11.537	11.825	12.121
Público-alvo total			**10.691**	**26.224**	**26.880**	**27.552**	**28.241**	**28.947**

100 PLANO DE NEGÓCIOS: UM GUIA PRÁTICO

Tabela 18

Público-alvo nos bairros (unidades franqueadas) de acordo com o plano de investimentos

Bairros	Crescimento (% ao ano)	Consumidores (% na faixa de renda)	Público-alvo (nº de consumidores acima de 60 anos na faixa de renda)					
			2010	2011	2012	2013	2014	2015
Flamengo/ Glória	2,5	20			4.196	4.301	4.409	4.519
Laranjeiras	2,5	20			2.659	2.725	2.793	2.863
Jardim Botânico	2,5	30			2.411	2.471	2.533
Ipanema/ Lagoa	2,0	30			5.589	5.701	5.815
Leblon	2,0	30			4.253	4.338	4.425
Barra da Tijuca	4,0	25			5.563	5.786	6.017
Ilha do Governador	2,5	15			4.903	5.026	5.152
Público-alvo total			—	—	**6.855**	**29.746**	**30.524**	**31.324**

A primeira coluna explicita os bairros. A segunda, a taxa de crescimento da população segundo o estudo de tendências da Fundação Pereira Passos (crescimento geral não explicitando o bairro. Por observação alteramos Ipanema e Leblon para 2% e a Barra da Tijuca para 4%). A terceira coluna explicita as expectativas da faixa de renda acima de cinco salários baseado no estudo tendências do IPP. As colunas seguintes explicitam as projeções do público-alvo para o período 2010-2015 nas unidades franqueadas.

Premissas de mercado (bairros selecionados)

A tabela 19 repete os dados das tabelas 17 e 18 acrescentando as premissas de realização de exames — dois exames básicos e 0,5 exame especial por pessoa e por ano. Com isto é possível projetar o número de exames. Apresenta também as premissas de preços tanto para as unidades próprias quanto para as franquias (30% de *royalties*).

Para chegarmos às projeções de resultado do Alfa Lab é necessário estabelecer as projeções de *market share*.

PLANO FINANCEIRO

Tabela 19
Premissas de realização de exames e preços
(bairros selecionados)

Discriminação	2010	2011	2012	2013	2014	2015
Público-alvo (bairros selecionados)						
Bairros unidades próprias (tabela 17)	10.691	26.224	26.880	27.552	28.241	28.947
Bairros unidades franqueadas (tabela 18)	0	0	6.855	29.746	30.524	31.324
Quantidades de exames (bairros un. próprias)						
Exames básicos (2/pessoa/ano)	21.382	52.448	53.760	55.104	56.482	57.894
Exames especiais (0,5/pessoa/ano)	5.346	13.112	13.440	13.776	14.121	14.474
Quantidades de exames (bairros un. franqueadas)						
Exames básicos (2/pessoa/ano)	0	0	13.710	59.492	61.048	62.648
Exames especiais (0,5/pessoa/ano)	0	0	3.428	14.873	15.262	15.662
Preços de exames (un. próprias): exames básicos: R$ 40/exame; exames especiais: R$ 100/exame						
Royalties **de exames nas franquias (30%):** exames básicos: R$ 12/exame; exames especiais: R$ 30/exame						

Market share do laboratório Alfa Lab

De acordo com o objetivo anunciado para 2015, a tabela 20 apresenta a projeção de participação no mercado (*market share*) do Alfa Lab.

Tabela 20
Premissas de *market share* do Alfa Lab

Unidades próprias		2010	2011	2012	2013	2014	2015
Exames básicos	*Market share* (%)	25	27	29	31	33	35
	Exames/ano	5.346	14.161	15.590	17.082	18.639	20.263
Exames especiais	*Market share* (%)	0	5	10	15	20	25
	Exames/ano	0	656	1.344	2.066	2.824	3.619
Franquias		**2010**	**2011**	**2012**	**2013**	**2014**	**2015**
Exames básicos	*Market share* (%)	0	0	10	15	20	25
	Exames/ano	0	0	1.371	8.924	12.210	15.662
Exames especiais	*Market share* (%)	0	0	10	15	20	25
	Exames/ano	0	0	343	2.231	3.052	3.916

Faturamento e margens

Unidades próprias — exames básicos e especiais

Com base nas tabelas anteriores podemos agora projetar o faturamento do Alfa Lab. Para chegarmos à margem de contribuição (tabela 21) vamos admitir que cada exame básico nas unidades próprias tenha um custo variável direto de R$ 8 (materiais e mão de obra direta de coleta e processamento). Já para exames especiais este custo unitário sobe para R$ 20.

Tabela 21
Margem nas unidades próprias

Item	2010	2011	2012	2013	2014	2015
Exames básicos (quantidades)	5.346	14.161	15.590	17.082	18.639	20.263
Faturamento (R$ 40/exame)	213.840	566.440	623.600	683.280	745.560	810.520
(–) Impostos (10%)	21.384	56.644	62.360	68.328	74.556	81.052
(–) Custo dos exames realizados (R$ 8/exame)	42.768	113.288	124.720	136.656	149.112	162.104
(=) Margem exames básicos (R$)	*149.688*	*396.508*	*436.520*	*478.296*	*521.892*	*567.364*
Exames especiais (quantidades)	0	656	1.344	2.066	2.824	3.619
Faturamento (R$ 100/exame)	0	65.600	134.400	206.600	282.400	361.900
(–) Impostos (10%)	0	6.560	13.440	20.660	28.240	36.190
(–) Custo dos exames realizados (R$ 20/exame)	0	13.120	26.880	41.320	56.480	72.380
(=) Margem exames especiais (R$)	*0*	*45.920*	*94.080*	*144.620*	*197.680*	*253.330*
Exames básicos + especiais (quantidades)	5.346	14.817	16.934	19.148	21.463	23.882
Faturamento	213.840	632.040	758.000	889.880	1.027.960	1.172.420
(–) Impostos (10%)	21.384	63.204	75.800	88.988	102.796	117.242
( ) Custo dos exames realizados	42.768	126.408	151.600	177.976	205.592	234.484
(=) Margem total (R$)	*149.688*	*442.428*	*530.600*	*622.916*	*719.572*	*820.694*

PLANO FINANCEIRO

Unidades franqueadas — exames básicos e especiais

Neste caso o Alfa Lab recebe 30% a título de *royalties*, e o custo variável estimado por exame é de 5% (apenas processamento). A tabela 22 ilustra.

Tabela 22

Margem nas unidades franqueadas (R$)

Item	2010	2011	2012	2013	2014	2015
Faturamento (100%)	0	0	26.742	174.018	238.080	305.424
(–) Impostos (10%)	0	0	2.674	17.402	23.808	30.542
(–) Custo/exame realizado (5%)	0	0	1.337	8.701	11.904	15.271
(=) **Margem nas unidades franqueadas (85%)**	**0**	**0**	**22.731**	**147.915**	**202.368**	**259.611**

EBITDA Alfa Lab

Como pode ser observado na tabela 23, o EBITDA — lucro antes das despesas financeiras, provisão para o imposto de renda, depreciação e amortização do ativo diferido (*earnings before interests, taxes, depreciation and amortization*) — expressa a medida do lucro operacional, e é muito acompanhado pelos investidores como medida de desempenho operacional. O resultado EBITDA permite comparar empresas com estruturas de ativos e financiamento distintas.

Os custos fixos diretos estão relacionados com o número de unidades próprias, e os indiretos com uma estrutura superior de gestão e controle (*overhead*).

Tabela 23

EBTIDA Alfa Lab (R$)

Item	2010	2011	2012	2013	2014	2015
Faturamento	213.840	632.040	784.742	1.063.898	1.266.040	1.477.844
(–) Impostos	21.384	63.204	78.474	106.390	126.604	147.784
(–) Custo dos exames realizados	42.768	126.408	152.937	186.677	217.496	249.755
(=) Margem	149.688	442.428	553.331	770.831	921.940	1.080.305
(–) Custos fixos diretos	60.000	180.000	180.000	180.000	180.000	180.000
(–) Custos fixos indiretos	45.000	60.000	75.000	90.000	105.000	120.000
EBITDA	44.688	202.428	298.331	500.831	636.940	780.305

Lucro líquido

A partir do resultado do EBITDA retiram-se as despesas financeiras, a provisão para o imposto de renda, a depreciação e a amortização, para se chegar ao lucro líquido, como mostra a tabela 24.

Tabela 24

Lucro líquido (R$)

Item	2010	2011	2012	2013	2014	2015
EBITDA	44.688	202.428	298.331	500.831	636.940	780.305
(–) Despesas financeiras	0	0	0	0	0	0
(–) Depreciação + amortização do diferido (20%)		44.000	52.000	54.000	59.000	59.000
(=) Lucro antes do imposto de renda	44.688	158.428	246.331	446.831	577.940	721.305
(–) Provisão para o IR e CSLL (24%)	10.725	38.023	59.119	107.239	138.706	173.113
(–) Provisão adicional IR (10%)	0	0	633	20.683	33.794	48.131
(=) Lucro líquido	33.963	120.405	186.579	318.909	405.440	500.062

A depreciação e amortização do diferido foram calculadas considerando-se 20% ao ano sobre o investimento bruto. A provisão para o imposto de renda e CSLL foi calculada considerando-se 24% sobre o lucro antes do imposto de renda. Finalmente, a provisão adicional para o imposto de renda foi calculada à razão de 10% sobre o valor do lucro antes do IR que excedeu R$ 240 mil por ano. Por exemplo, o valor de R$ 20.683 do ano de 2013 foi calculado da forma a seguir:

$$(R\$ 446.831 - R\$ 240.000) \times 10\% = R\$ 20.683$$

Fluxo de caixa

Tendo sido calculado o lucro líquido deve-se, agora, calcular o fluxo de caixa livre (*free cash flow*).

O método a ser utilizado é denominado *método indireto* e consiste em considerar todas as entradas e saídas à vista. Os ajustes de prazos para recebimento e pagamento são feitos pela conta formação do capital de giro líquido conforme apresentado na tabela 25.

Cálculo do capital de giro líquido operacional

O capital de giro líquido operacional é uma função dos prazos concedidos para pagamento, dos volumes de estoques, dos prazos concedidos pelos fornecedores, e de impostos e pagamento de fatores de custo fixos, especialmente salários.

Cada uma das contas está associada a um item do demonstrativo de resultados. O contas a receber está associado às receitas; impostos a recolher, aos impostos sobre vendas, e assim sucessivamente, conforme explicita a tabela 25.

A parte superior da tabela 25 reapresenta os valores já calculados na tabela 23. A parte intermediária (saldo das contas) explicita as contas que formarão o capital de giro líquido e os prazos associados às contas da parte superior da tabela. Assim:

Contas a receber — corresponde a 30 dias da venda (os planos de saúde pagam em 40 dias, porém parte dos recebimentos é à vista). Saldo associado à receita. No caso do Alfa Lab temos em 2010:

$$(30 \text{ dias} \div 360) \times R\$\ 213.816 = R\$\ 17.818$$

(+) *Estoques* — foram estimados em 90 dias (parte do material é importada). Saldo associado ao custo dos exames realizados.

(–) *Fornecedores* — concedem 45 dias para pagamento. Este saldo também está associado ao custo dos exames realizados.

(–) *Impostos a recolher* — 20 dias, em média. Associado aos impostos sobre vendas.

(–) *Custos fixos a pagar* — 20 dias. Associados aos custos fixos diretos e indiretos.

(–) *Imposto de renda e CSSL* — o recolhimento deste imposto é trimestral e incide sobre o resultado do trimestre. Considerando um prazo médio de 50 dias no trimestre, temos um prazo médio referente ao ano de 50 dias ÷ 4 trimestres = 12,5 dias do cálculo anual.

Tabela 25

Formação do capital de giro líquido (R$)

Item	2010	2011	2012	2013	2014	2015
Receita	213.840	632.040	784.742	1.063.898	1.266.040	1.477.844
Impostos	21.384	63.204	78.474	106.390	126.604	147.784
Custo dos exames realizados	42.768	126.408	152.937	186.677	217.496	249.755
Custos fixos	105.000	240.000	255.000	270.000	285.000	300.000
IR e CSLL a recolher	10.725	38.023	59.752	127.922	172.500	221.244

Conta	Prazo (dias)	Item ao qual a conta está associada	Saldo das contas					
			2010	2011	2012	2013	2014	2015
Contas a receber	30	Receita	17.820	52.670	65.395	88.658	105.503	123.154
(+) Estoques	90	Custo dos exames realizados	10.692	31.602	38.234	46.669	54.374	62.439
(−) Fornecedores	45	Custo dos exames realizados	5.346	15.801	19.117	23.335	27.187	31.219
(−) Impostos a recolher	20	Impostos s/ vendas	1.188	3.511	4.360	5.911	7.034	8.210
(−) Custos fixos a pagar	20	Custos fixos	5.833	13.333	14.167	15.000	15.833	16.667
(−) IR e CSLL a recolher	12,5	Provisão IR e CSLL	372	1.320	2.075	4.442	5.990	7.682
(=) Saldo de contas (capital de giro líquido ou CGL)			15.773	50.307	63.910	86.639	103.833	121.815
Formação anual do CGL			15.773	34.534	13.603	22.729	17.194	17.982

PLANO FINANCEIRO

O resultado desses cálculos indica, então, o saldo das contas que formam o capital de giro líquido.

Para chegar à formação anual do capital de giro líquido, que irá então alimentar a planilha do fluxo de caixa livre, fazemos a diminuição do saldo do ano pelo saldo do ano anterior. Assim, em 2011 a formação do capital de giro líquido corresponde a R$ 34.534, que é o resultado de R$ 50.307 – R$ 15.773.

Cálculo do fluxo de caixa livre (free cash flow)

Com base nos dados já apresentados, calcula-se, agora, o fluxo de caixa livre conforme tabela 26.

Tabela 26
Fluxo de caixa livre

	2010	2011	2012	2013	2014	2015
Lucro líquido	33.963	120.405	186.579	318.909	405.440	500.062
(–) Investimentos em ativos	220.000	40.000	10.000	25.000	0	0
(–) Formação do capital de giro	15.773	34.534	13.603	22.729	17.194	17.982
(–) Amortização dos financiamentos	—	—	—	—	—	—
(+) Depreciação + amortização do diferido	—	44.000	52.000	54.000	59.000	59.000
(=) Fluxo de caixa livre (FCL)	–201.810	1.871	110.976	217.180	329.246	423.080

Para calcular ao valor do fluxo de caixa livre deve-se partir do lucro líquido e subtrair os investimentos em ativos — permanente e diferido (tangíveis e intangíveis), a formação de capital de giro líquido e a amortização dos financiamentos (o Alfa Lab não possuía nenhum financiamento). A seguir adicionam-se os valores da depreciação e amortização do diferido (não representam saída de caixa). O valor a que se chega indica, se negativo, a necessidade de captação de recursos financeiros e, se positivo, a possibilidade de distribuição de dividendos aos acionistas.

Valuation

Verifica-se na tabela 26 que o Alfa Lab necessitará captar cerca de R$ 300 mil. Neste caso devemos calcular o valor da empresa para determinar o percentual de participação que o investidor receberá pelo aporte.

108 PLANO DE NEGÓCIOS: UM GUIA PRÁTICO

Metodologia de valuation — fluxo de caixa descontado

Existem algumas formas de valoração de empresas. Não é nosso objetivo discuti-las neste momento. Para efeito de cálculo utilizaremos a metodologia do fluxo de caixa descontado, que é a mais usual no mercado financeiro. A forma geral da equação do valor é a seguinte:

$$\text{Valor da empresa} = FCL_1 \div (1+k)^1 + FC_2 \div (1+k)^2 + \ldots + FC_n \div (1+k)^n + (FC_{n+1} \div k) \div (1+k)^{n+1}$$

onde:

FCL = fluxo de caixa livre

k = taxa de atratividade para o investidor em função do risco do empreendimento. $(FC_{n+1} \div k) \div (1+k)^{n+1}$ = perpetuidade — valor presente do FCL do sexto ano dividido pela taxa de atratividade k. Este valor significa que a empresa não se extingue no quinto ano. Assim a fórmula

$$FC_{n+1} \div k$$

traduz o resultado a que se chega pela soma dos períodos posteriores ao quinto ano (limite da soma de termos de uma progressão geométrica de razão $1 \div (1+k)$ < 1 quando o número de termos tende para infinito). E a fórmula

$$FC_{n+1} \div k \div (1+k)^{n+1}$$

representa o valor presente da perpetuidade no ano n+1.

Em alguns casos os investidores podem pagar um prêmio em função do potencial de crescimento do FCL após o quinto ano. Quando isto acontecer, a fórmula da perpetuidade será representada por:

$$FC_{n+1} \div (k-g)$$

onde g representa a taxa de crescimento do fluxo de caixa livre após o quinto ano.

Considerando que g, sendo positivo, diminui o valor do denominador, o valor da perpetuidade aumenta.

PLANO FINANCEIRO

Passo 1: determinação da taxa de atratividade para o investidor (k)

A taxa de atratividade (k) corresponde ao desejo do investidor com relação à remuneração de seu investimento. Ao aplicar os seus recursos em investimentos de alto risco, o investidor estará renunciando a aplicá-los em investimentos de baixo risco — um CDB de um banco de primeira linha, por exemplo. Supondo que este CDB esteja rendendo 10% ao ano, o investidor aplicaria seu capital no Alfa Lab se a expectativa de remuneração de seu investimento fosse, digamos, de 25% ao ano.

Passo 2: determinação do número de períodos (n)

O número de períodos (n) é dado pelo investidor em função do tempo que ele admite permanecer no investimento. No caso do Alfa Lab este período é de cinco anos.

Passo 3: determinação do fluxo de caixa livre (FCL)

A determinação do FCL já foi apresentada na tabela 26.

Valuation do Alfa Lab

A tabela 27 explicita a *valuation* do Alfa Lab.

Tabela 27
Valuation do Alfa Lab

Item	2010	2011	2012	2013	2014	2015
Fluxo de caixa livre (FCL)	–201.810	1.871	110.976	217.180	329.246	423.080
(+) Perpetuidade						1.692.318
(=) FCL com perpetuidade	–201.810	1.871	110.976	217.180	329.246	2.115.398
K	25%	—	—	—	—	—
Valuation (antes do aporte)	647.952	—	—	—	—	—

O *valuation* antes do aporte é o resultado do valor presente líquido (VPL) do fluxo de caixa, descontado a uma taxa k (no caso, 25%). Compreende o fluxo de caixa livre dos n primeiros anos (aqui, cinco anos) mais a perpetuidade. É denominado pelos investidores *valuation pre-money*.

110 PLANO DE NEGÓCIOS: UM GUIA PRÁTICO

A tabela 27 mostra o valor do Alfa Lab calculado em R$ 647.952 e a tabela 26 havia indicado uma necessidade de captar cerca de R$ 300 mil. Como calcular o valor de participação do investidor?

Percentual de participação do investidor na entrada

Tabela 28

Percentual de participação do investidor

Investimento (R$)	300.000
Valuation post-money (R$)	947.952
Participação acionária do investidor	31,65%

Ao *valuation pre-money* soma-se o aporte do investidor para calcular sua participação. Este novo valor é chamado de *valuation post-money*.

Dado um investimento de R$ 300 mil e um *valuation* (antes da entrada do investidor — *pre-money*) de R$ 648 mil temos um *valuation* após a sua entrada (*post-money*) de R$ 948 mil.

Os R$ 300 mil divididos por R$ 948 mil correspondem a 31,65% do capital total da empresa.

Algumas discussões

Diluição

No item anterior a estratégia financeira adotada foi a de equacionar o déficit de caixa com o aporte de recursos do investidor. Com isso a participação dos empreendedores no capital da empresa se reduziu de 100% para 68,35%. Esta situação é denominada *diluição no mercado financeiro*.

Uma alternativa seria manter a participação em 100% e captar um financiamento neste valor. É uma situação de maior risco; porém, no longo prazo aumenta a participação e o valor do acionista fundador pela sua não diluição. No entanto, nem sempre o financiamento poderá ser obtido, pois a maioria deles exige garantias reais. Para melhor entender o fenômeno da diluição vamos exemplificar através das tabelas 29 e 30.

Plano Financeiro

Tabela 29
Balanço sintético

Ativo/passivo	Empresa A	Empresa B
Total do ativo	100	100
Financiamentos	30	0
Patrimônio líquido	70	100
Total do passivo	100	100

Tabela 30
Resultados

Itens	Empresa A	Empresa B
Receita de vendas	200	200
Lucro antes das despesas financeiras	50	50
Despesas financeiras (30% ao ano)	9	0
Lucro líquido	41	50

Se perguntássemos qual das empresas foi a mais rentável, grande parte responderia que B foi a mais rentável. No entanto, a rentabilidade para o acionista de B foi de $50 \div 100 = 50,0\%$, enquanto rentabilidade de A foi de $41 \div 70 = 58,5\%$. A questão que se coloca é até que ponto vale a pena correr um risco de liquidez para aumentar a rentabilidade do acionista.

Distribuição de dividendos

Nos períodos iniciais os dividendos devem ser distribuídos se, e somente se, a empresa não tiver uso para os recursos livres de caixa. Observe que no modelo apresentado acima a base de cálculo para a distribuição de dividendos é o fluxo de caixa livre e não o lucro líquido.

Análise de risco

A análise de risco se divide em duas partes: risco financeiro e risco operacional.

Risco financeiro

É a medida da alavancagem financeira, e é calculado da seguinte forma:

> Total do endividamento ÷ total do ativo

112 · Plano de Negócios: um Guia Prático

Estruturas muito alavancadas agravam o risco e aumentam a exigência do investidor em relação à taxa de atratividade (k). Um limite geralmente aceito pelos investidores é de 40% — mesmo assim diluídos em n períodos. É o caso das linhas de financiamentos do BNDES. Uma segunda medida é o ponto de equilíbrio de caixa, que inclui no custo fixo a amortização dos financiamentos.

Risco operacional

Reflete a combinação entre custos fixos, variáveis e margens de contribuição. A medida é dada pelo cálculo do ponto de equilíbrio operacional.

O ponto de equilíbrio operacional é calculado da seguinte forma:

Ponto de equilíbrio operacional = custos fixos ÷ margem de contribuição por unidade

---

Para o caso do Alfa Lab, o cálculo do ponto de equilíbrio operacional está ilustrado na tabela 31.

Tabela 31
Cálculo do ponto de equilíbrio (unidades próprias)

Itens	2010	2011	2012	2013	2014	2015
Custos fixos unidades próprias (R$)	105.000	240.000	255.000	270.000	285.000	300.000
Margem — básicos + especiais (R$)	149.688	442.428	530.600	622.916	719.572	820.694
Exames realizados	5.346	14.817	16.934	19.148	21.463	23.882
Margem unitária (R$)	28,00	29,86	31,33	32,53	33,53	34,36
Ponto de equilíbrio (exames/ano)	3.750	8.038	8.138	8.300	8.501	8.730
Ponto de equilíbrio (%)	70	54	48	43	40	37

Explicitando os dados da tabela 31:

❏ custos fixos das unidades próprias — custos fixos diretos e indiretos;

❏ margem de contribuição — soma das margens de exames básicos e especiais;

❏ exames realizados — soma dos básicos com os especiais no ano;

❏ margem unitária — divisão da margem total pelo número de exames;

Plano Financeiro

❏ ponto de equilíbrio operacional — custo fixo (direto + indireto) dividido pela margem unitária;

❏ ponto de equilíbrio (%) — relação entre o ponto de equilíbrio (número de exames) e os exames totais projetados para o ano.

Atenção: estes valores estarão corretos desde que observada a composição (mix) de exames básicos e especiais, pois cada um tem margem unitária (em reais) diferente.

Na tabela 31 observa-se que o ponto de equilíbrio inicial é de 70% e, no ano de 2015, é de 37%.

Atratividade para o empreendedor

Finalmente a questão que se coloca é se teria valido a pena para o empreendedor ceder 28% de sua participação em troca de um investimento de R$ 300 mil.

A premissa básica é que se o investidor não tivesse aportado os recursos, o Alfa Lab continuaria com apenas uma filial em Copacabana. Esta hipótese se chamará *business as usual* (BAU). A tabela 32 ilustra.

Tabela 32
Valuation BAU

Item	2010	2011	2012	2013	2014	2015
Lucro do empreendedor BAU (R$)	33.950	33.950	33.950	33.950	33.950	33.950
Perpetuidade BAU (R$)						135.852
Fluxo de caixa BAU (R$)	33.950	33.950	33.950	33.950	33.950	169.815
K		25%	—	—	—	—
Valuation BAU (R$)	135.852	—	—	—	—	—

Comparação entre a situação BAU e a nova situação:

❏ *valuation* BAU — R$ 135.852 — isto é, o empreendedor é proprietário de 100% da empresa e não realiza investimento;

❏ nova *valuation* com a entrada do investidor — 68,35% de R$ 947.952 = R$ 647.952 — ou seja, a entrada do investidor aumenta substancialmente o valor da empresa.

Capítulo 9

Estabelecendo uma negociação com o investidor

Tendo elaborado o plano de negócios chegou o momento de buscar o investidor. Para cada tipo de empresa existirá um tipo de investidor especializado, conforme já discutido. Algumas questões serão profundamente examinadas pelo investidor e devem estar refletidas no seu plano de negócios.

Questões básicas a contemplar no plano de negócios

Existência do mercado

Você deve *provar* a existência de um mercado. Deve haver um problema claro a ser resolvido, cuja solução você possui. Se houver um cliente inicial interessado, isto reforçará muito a sua posição. O ideal é que você se apresente ao investidor com uma articulação bem-definida. Não esqueça: investidores são focados, conhecem os mercados e costumam contratar consultorias externas para ajudá-los (*expert opinions*).

Por que você? O que o faz tão diferente dos demais?

Mostre que você tem um conhecimento proprietário, que foi desenvolvido ao longo dos últimos anos. Apresente suas qualificações e as qualificações de sua equipe. Mostre como o conhecimento será protegido e como as novas versões serão desenvolvidas.

Propriedade intelectual e transferência de tecnologia

Demonstre que você é coproprietário da tecnologia em questão, que todos os envolvidos na patente estão de acordo com a cessão da tecnologia, especialmente a universidade e os alunos de mestrado e doutorado que participaram da pesquisa.

116 PLANO DE NEGÓCIOS: UM GUIA PRÁTICO

Flexibilidade

Mostre que você entende as regras do jogo e as aceita. As principais são:

- você terá um sócio que o ajudará, porém estará permanentemente lhe fazendo cobranças;
- ser empreendedor é uma opção sua — você terá que abrir mão de suas aulas e de suas consultorias para focar o projeto, pelo menos nos próximos cinco anos. Depois disso, e se o projeto for bem-sucedido, você escolherá o que fazer;
- lembre-se: você é um sócio, não um assalariado — sua remuneração depende de cumprimento das metas preestabelecidas no plano de negócios e no planejamento estratégico;
- lembre-se também: o investidor entra na empresa para sair. O comprador poderá ou não desejar que você continue na empresa. Esteja disposto a vender a sua participação e partir para um novo empreendimento.

Governança

Você não está mais sozinho e suas decisões serão colegiadas. Você terá de delegar e se acostumar às regras de transparência. Publicação de balanços, renúncias às engenharias fiscal, trabalhista e tributária farão parte de sua rotina.

Diluição

Na negociação você cederá uma participação em sua empresa. Se o seu plano for bem-sucedido você manterá sua participação; se falhar, terá de aceitar a entrada de um coinvestidor e você será diluído — sua participação acionária na empresa será reduzida.

Alguns cuidados que você deve ter

Exame da trajetória e do comportamento do investidor

Obtenha informações no mercado sobre o comportamento do investidor. Procure conversar com algum outro empreendedor que tenha recebido um investimento.

Exame dos contratos (cláusulas de drag e tag along)

Busque uma boa assessoria jurídica que lhe ajude com a documentação. Examine o acordo de acionistas, especialmente as cláusulas de *drag along* e *tag*

ESTABELECENDO UMA NEGOCIAÇÃO COM O INVESTIDOR

along. Estas cláusulas são usuais e importantes, e estarão sempre presentes nos acordos de acionistas:

❏ *drag along* — por meio deste mecanismo fica estabelecido que o investidor, ao atingir o prazo para sua saída da sociedade investida, pode fazê-lo por meio da venda *da empresa* e não apenas de sua participação na empresa. Se o investidor receber uma proposta para a compra da sociedade toda, poderá realizar a venda "arrastando" a parte dos sócios-fundadores controladores, mesmo sendo eles majoritários. A cláusula de *drag along* refere-se a este direito de arrasto. O investidor recupera os valores investidos, mas, ao mesmo tempo, os sócios-fundadores da empresa investida têm que vender as suas participações também;

❏ *tag along* — é um instrumento que promove a extensão do prêmio de controle aos acionistas minoritários. Segundo a Lei das S.A., quando uma empresa é vendida os minoritários detentores de ações ordinárias têm o direito de receber por suas ações, no mínimo, 80% do valor pago aos acionistas controladores da empresa. O estatuto social, a critério da empresa, pode determinar valor superior ou estender o direito às ações preferenciais.

Governança da investida

Examine as regras de governança, especialmente as que dizem respeito à tomada de decisões. Verifique se você está confortável com a forma de decisão — poder de veto. Lembre-se de que o investidor provavelmente não será majoritário, mas tentará exercer uma forma legítima de controle através do acordo de acionistas.

Estabelecendo o valor da participação dos investidores — matérias relacionadas

No capítulo 8 foi demonstrada a forma utilizada para calcular uma *valuation*. As negociações então serão estabelecidas, e o que provavelmente ocorrerá será a existência de uma assimetria entre a sua expectativa e a do investidor — ele buscará uma maior participação como forma de se proteger. O que normalmente é feito, neste caso, é o estabelecimento de metas que, se atingidas, geram devoluções de participação acionária para o empreendedor.

Vamos imaginar que um investidor aplique R$ 1 milhão por 28% do capital de uma empresa, com a expectativa de obter, cinco anos depois, no evento de liquidez, um valor de cerca de R$ 3 milhões, o que corresponderia a uma taxa de retorno de 25% ao ano.

Em um caso como esse, normalmente se negocia uma diminuição gradual da participação do investidor na empresa, na medida em que a taxa de retorno, no momento da liquidez, supere a expectativa inicial. Essa diminuição ocorre até um patamar preestabelecido, a partir do qual a participação do investidor se mantém constante. A figura 23 ilustra o caso.

Figura 23
Participação do investidor na empresa investida, em função da taxa interna de retorno (TIR) alcançada

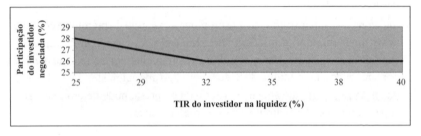

Na figura 23 vemos que o investidor adquiriu inicialmente 28% de participação, esperando obter uma TIR de 25% ao ano. Para facilitar a negociação com os empreendedores, ele concordou em devolver participações se, no evento de liquidez, esta sua expectativa inicial fosse superada. Eis o resumo da negociação:

Participação no capital (%)	TIR do investidor na liquidez (% ao ano)
28 (inicial)	25
27	29
26	32
26	35
26	38
26	40

CAPÍTULO 10

Artigos de interesse para o empreendedor

A geração de riqueza a partir da universidade: o caso da Akwan[18]

Resumo

A imprensa divulgou, ao final de julho de 2005, a compra da Akwan Information Technologies pela Google. Apesar da compra, a Akwan continua existindo e passa a ser o centro de pesquisa e desenvolvimento da Google para a América Latina. Muito a comemorar? Certamente que sim, e o presente artigo busca explorar os elementos que tornaram isto possível — os empreendedores, a universidade e o investidor de risco.

Palavras-chave: inovação, empresas baseadas em conhecimento, universidade empreendedora, *angels*.

Oh yes, nós temos cérebros!

Em julho de 2005 a imprensa brasileira divulgou a compra da empresa mineira Akwan pela Google, líder mundial em ferramentas de busca na internet, uma das

---

[18] Artigo de José Arnaldo Deutscher, Thiago Renault e Nivio Ziviani, originalmente publicado no site do Fundo Criatec (disponível em <www.fundocriatec.com.br/artigo.php?escolha=11>. José Arnaldo Deutscher (Coppe/UFRJ) é economista formado pelo IE/UFRJ e doutor em gestão da inovação pela Coppe/UFRJ. É sócio da Antera Gestão de Recursos, gestora do Fundo Criatec. Thiago Renault (TEP/UFF) é economista formado pelo IE/UFRJ. Mestrando em engenharia de produção na Universidade Federal Fluminense, realiza diversas pesquisas sobre sistemas nacionais de inovação. Além disso é colaborador da Pavani & Deutscher Consultores. E-mail: <thiagorenault@producao.uff.br>. Nivio Ziviani (DCC/UFMG) é PhD em ciência da computação pela Universidade de Waterloo, Canadá. É professor titular do Departamento de Ciência da Computação da UFMG, onde coordena o Laboratório para Tratamento da Informação (Latin). É cofundador da Miner Technology Group, vendida ao Grupo Folha/UOL em junho de 1999, e da Akwan Information Technologies, vendida à Google Inc. em julho de 2005. É coautor de mais de 100 artigos técnicos nas áreas de algoritmos, recuperação de informação, compressão de textos e áreas relacionadas. E-mail: <nivio@dcc.ufmg.br>.

120 PLANO DE NEGÓCIOS: UM GUIA PRÁTICO

empresas com maior capitalização de mercado da Nasdaq. Este fato merece uma reflexão: que valor a Google viu na Akwan que a levou a fazer esta aquisição? A Akwan era apenas uma *start-up*, iniciando ainda uma trajetória comercial, enquanto a Google era a *incumbent*.[19] Com certeza o valor percebido pela Google na Akwan foi o capital intelectual, como ilustra o texto abaixo publicado no site do investidor Fir Capital:

> Com essa aquisição, a Akwan Information Technologies se tornará o Centro de Pesquisa e Desenvolvimento (P&D) da Google na América Latina e, da mesma forma que Mountain View e Nova York (EUA), Bangalore (Índia), Tóquio (Japão) e Zurique (Suíça), concentrará seus esforços de engenharia e recrutamento em toda a região. Berthier Ribeiro-Neto, antigo sócio-diretor executivo da Akwan, será o diretor de engenharia do Centro de P&D da Google América Latina. Todos os engenheiros da equipe da Akwan permanecerão na nova empresa.[20]

Ainda, segundo Alan Eustace, vice-presidente de tecnologia da Google,

> a equipe, a tecnologia e os produtos da Akwan são um complemento aos esforços para oferecer aos usuários a melhor experiência de busca para usuários e parceiros ao redor do mundo em todas as línguas e em todos os países. Nós vislumbramos um tremendo potencial para a Google em toda a América Latina, tanto em termos de recrutamento de talentos locais, bem como na continuidade da expansão de nossos produtos e serviços na região.

A análise que se segue irá considerar as trajetórias das empresas e o contexto conceitual que trata da criação de empresas inovadoras a partir do conhecimento gerado nas universidades, bem como de sua forma de financiamento.

As trajetórias

A Akwan é uma empresa intensiva em conhecimento (em inglês, *knowledge based*)[21] que nasceu em 2000 com a missão de explorar tecnologias proprietárias

---

[19] *Incumbent* é o titular. No jargão da inovação é a empresa que detém uma grande participação de mercado. Em 2004 a Google faturou US$ 3,2 bilhões e lucrou US$ 400 milhões.

[20] Disponível em: <www.fircapital.com.br>. Acesso em: 30 jul. 2005.

[21] Empresa cuja principal fonte de valor advém do conhecimento.

Artigos de Interesse para o Empreendedor 121

para prover serviços de localização de informação na internet. Foi criada no Departamento de Ciência da Computação da Universidade Federal de Minas Gerais (DCC/UFMG), a partir da associação entre professores do departamento e investidores. Alguns dos empreendedores que criaram a Akwan já haviam criado o Miner Technology Group, que foi vendido para o grupo Abril/Folha de São Paulo/UOL. A família Miner é hoje o principal mecanismo de busca do BOL (Brasil Online).

Entre os sócios da Akwan, além dos empreendedores e dos investidores, destaca-se a participação da UFMG através de sua Fundação de Desenvolvimento da Pesquisa (Fundep). Convém destacar ainda que a criação da Akwan somente foi viabilizada devido à atuação de investidores que realizaram aportes financeiros na empresa na forma de capital semente (em inglês, *seed money*).[22]

O grande mérito dos empreendedores da Akwan foi ter logrado transformar conhecimento científico em produto, indo ao mercado e conquistado clientes, sem nunca abrir mão da pesquisa e desenvolvimento, geradores de novos conhecimentos. Não coincidentemente, o grupo de pesquisa em recuperação de informação do DCC/UFMG, pela qualidade das suas teses de doutorado e dissertações de mestrado, e, principalmente, pela qualidade da sua produção científica, aferida pelas publicações nos melhores periódicos e conferências internacionais da área, é considerado de excelência no cenário mundial.

A Google, por sua vez, maior empresa norte-americana de mídia, é também líder mundial em ferramentas de busca na internet. É interessante observar que, assim como a Akwan, a Google também surgiu a partir da universidade. Seus fundadores, Larry Page e Sergey Brin, eram dois doutorandos de Stanford em 1998. Logo, Google e Akwan têm a mesma característica genética: ambas nasceram dentro de grupos universitários de excelência na área de recuperação de informação e mantiveram o vínculo com suas matrizes. Tanto a geração quanto a manutenção de uma tecnologia de ponta necessitam de uma realimentação constante de novos resultados qualificados de pesquisa. A Google, do mesmo modo que a Akwan, contou, em sua criação, com aportes financeiros de capital inicial de risco.

Não se trata de casos isolados. Existem diversos outros exemplos, tanto no Brasil quanto no exterior, de empreendimentos que surgiram a partir da

---

[22] Trata-se de uma modalidade específica de financiamento para empresas intensivas em conhecimento que se encontram em estágio inicial de operação.

122 PLANO DE NEGÓCIOS: UM GUIA PRÁTICO

universidade, o que sugere um padrão de criação de empresas intensivas em conhecimento. Nos Estados Unidos as universidades de ponta incentivam o aparecimento de empresas de alta tecnologia na área de informática. Esse incentivo ocorre através de "escritórios de transferência de tecnologia" (*technology-transfer offices*) e tem levado à criação de várias empresas de sucesso, tais como: Yahoo! (criada em 1994 por David Filo e Jerry Yang, alunos de doutorado em engenharia elétrica na Universidade de Stanford); Inktomi (criada por Eric Brewer, professor de computação em Berkeley); MetaCrawler (criada em 1995 pelo aluno de doutorado Erik Selberg e seu orientador, Oren Etzione, na Universidade de Washington); Netbot (criada em 1996 por Dan Welch, professor de computação da Universidade de Washington), apenas para mencionar algumas. A revista *Fortune* relata que o Massachusetts Institute of Technology participou da formação de cerca de 4 mil empresas, com uma capitalização combinada de mercado, à época, de US$ 300 bilhões. O mesmo artigo relata que Stanford gerou *spin-offs*[23] com valor maior do que US$ 1 trilhão (Kahn, 1999).

Contextualização — uma experiência dentro da hélice tripla

No caso brasileiro, não apenas a UFMG apresenta potencial de geração de riqueza a partir de conhecimento gerado na universidade. Diversas outras como, por exemplo, a UFRJ, a PUC-Rio e a UFPE também são universidades empreendedoras onde são notórias as ações para conversão do conhecimento em empreendimentos na forma de *spin-offs*.

Este movimento insere-se na moldura teórica da hélice tripla, onde as relações entre universidade/governo/empresa geram uma hélice ascendente de desenvolvimento regional que advém do fato de que o fluxo de conhecimento entre universidades e empresas faz com que estas adquiram maior competitividade por meio de produtos mais densos em conhecimento. No contexto da hélice tripla, a universidade passa a ter um novo papel no sistema regional de inovação, tornando-se um ator de grande importância.

A região da hélice tripla caracterizada pela presença de instituições de ciência e tecnologia e instrumentos de suporte como fundos de investi-

---

[23] Trata-se da criação de uma empresa independente, situada extramuros e intensiva em conhecimento, a partir de uma tecnologia geralmente nova e com potencial de inovação.

ARTIGOS DE INTERESSE PARA O EMPREENDEDOR 123

> mento e organizações para promover o desenvolvimento é exemplificada pelo Vale do Silício, Boston e Linkoping (Suécia).
>
> Minha hipótese é de que a presença regional de uma universidade empreendedora é crucial para manter a capacidade de inovação através de novas empresas.
>
> (Etkowitz, 2005)

No Brasil ainda é baixo o fluxo de troca de conhecimento entre as universidades e as empresas. Neste sentido, diversas medidas têm sido tomadas por parte do governo e das universidades para promover um aumento nesse fluxo. Entre estas iniciativas destacam-se a criação de fundações nas universidades para gestão de contratos com empresas, a criação de incubadoras de empresas, parques tecnológicos, tecnópoles e escritórios de transferência de tecnologia.

No caso americano, o Congresso teve um papel importante na aproximação entre indústria e universidade. No início dos anos 1980, o Congresso votou o Bayh-Doyle Act, que permite a participação da universidade nos resultados tecnológicos gerados por fundos federais, incentivando a academia a transferir tecnologia para o setor privado. A seguir surgiram os "escritórios de transferência de tecnologia" nas universidades de todo o país, para incentivar e ajudar na transferência de inovação universitária para o setor corporativo.

No Brasil, apesar de a nossa legislação federal não proibir que o funcionário público tenha participação acionária em empresas privadas, a criação de empresas de alta tecnologia com participação da universidade é ainda pequena. A criação de escritórios de transferência de tecnologia pode ser um caminho para mudar esse quadro. Além disso, destaca-se a atuação do governo promovendo mudanças no ambiente institucional através da chamada "Lei de Inovação", que flexibiliza as relações entre universidades e empresas. No que diz respeito ao financiamento de projetos de pesquisa conjuntos — universidades/empresas — o governo criou os fundos setoriais.

Os atores

A universidade

A UFMG é tipicamente uma universidade empreendedora e berço de outras empresas intensivas em conhecimento. Importante apontar que no caso da Akwan e

124 PLANO DE NEGÓCIOS: UM GUIA PRÁTICO

em outros casos,[24] a universidade, por meio de sua Fundação de Desenvolvimento da Pesquisa (Fundep), foi sócia do empreendimento.

Com o sucesso do Miner Technology Group, o DCC/UFMG descobriu que uma forma moderna de transformar resultados de pesquisa em produtos e serviços de grande potencial de inovação é a criação de empreendimentos e de empresas de alta tecnologia, denominadas *start-ups*. A figura 24 ilustra três fases fundamentais que constituem o processo de transformação de uma ideia em uma *start-up*, conforme exercitado no DCC/UFMG: protótipo, tecnologia e empreendimento.

Figura 24

Transformação de uma ideia em uma *start-up*

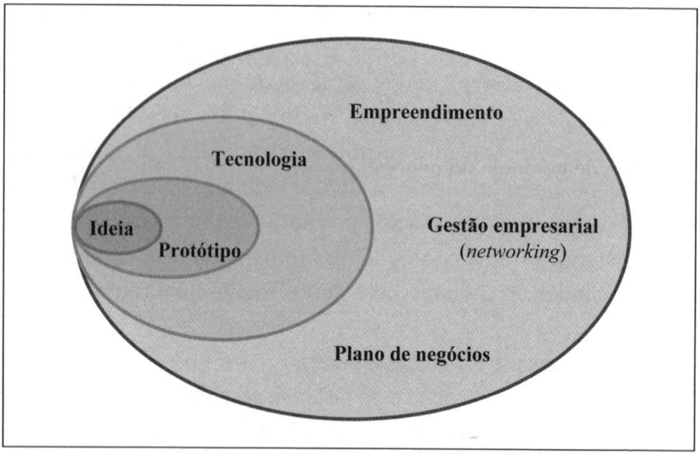

Uma *start-up* nasce a partir de uma ideia ou resultado de pesquisa gerada em um laboratório universitário. Essa ideia ou resultado de pesquisa pode, então, se transformar em um protótipo de tecnologia e, eventualmente, em uma tecnologia. A diferença básica aqui é que uma tecnologia inclui todo um "empacotamento" com as seguintes características: a) desenho, implementação e validação de código de forma estruturada; b) testes de robustez e estabilidade;

---

[24] Outro exemplo que nasceu no DCC/UFMG dentro deste mesmo modelo foi o Smart Price, empresa na área de *business inteligence*.

Artigos de Interesse para o Empreendedor

c) escalabilidade; d) documentação; e) gerência profissional; f) manutenção e suporte técnicos; e g) evolução continuada. Um protótipo de tecnologia, seja de hardware ou de software, no caso de um departamento como o DCC/UFMG limita-se a uma prova de conceito em pré-fase de *alpha* teste. Uma vez que gestão de engenharia, de produção, de finanças, de aspectos legais e de relacionamentos (*networking*) são características episódicas em ambientes de laboratórios universitários, é na fase de desenvolvimento do protótipo de tecnologia que a universidade, apropriadamente, exibe maior desenvoltura e competência.

Assim que a tecnologia está minimamente testada e validada, parte-se para a fase seguinte: o empreendimento de criação de uma empresa *start-up*. Esta tarefa requer, de início, o aporte de capital externo, que exige a elaboração de um plano de negócios no qual se enunciam, entre outros:

- ❏ o modelo do negócio;
- ❏ a análise da concorrência;
- ❏ a estratégia de marketing de médio e longo prazos;
- ❏ um plano de gerência do negócio que seja escalável;
- ❏ o cronograma físico-financeiro de sua evolução;
- ❏ os mecanismos de apropriação de custos;
- ❏ a estratégia de avaliação contínua do negócio;
- ❏ o plano de contratação e gerência de pessoas;
- ❏ e, não surpreendentemente, a contratação de serviços de advocacia para redação de contratos e aconselhamento legal.

Assim, a geração de um empreendimento tem melhores chances de sucesso se for feita em associação com grupos já estabelecidos no mercado, de forma profissional.

O investidor de risco

Segundo Deutscher (2005), os *angels* e os *early stage venture capitalists*[25] exercem um papel muito importante no surgimento de novas empresas intensivas em conhecimento. Guilherme Emrich e Marcus Regueira, que posteriormente

---

[25] Investidores nos estágios iniciais dos empreendimentos.

126 PLANO DE NEGÓCIOS: UM GUIA PRÁTICO

criaram o Fundo de Investimentos em Empresas de Base Tecnológica (Fundotec), atuaram como *angels*[26] no empreendimento Akwan, a exemplo do que ocorreu com a Google em seu início, quando Andy Bechtolsheim, um dos fundadores da Sun, aportou os primeiros US$ 100 mil que possibilitaram o início da empresa. Os *angels* da Akwan exerceram também um papel muito importante na trajetória da empresa, pois além de aportar os recursos fizeram o *coaching* dos empreendedores, ajudaram na busca de clientes e negociaram a venda da empresa. Apesar de algumas dificuldades ao longo da trajetória, os investidores seguiram adiante. A venda da Akwan encerra o primeiro ciclo de investimentos do capital semente, ciclo este que consiste em entrar na empresa em seus estágios muito iniciais e buscar uma saída via outros fundos ou investidores estratégicos em um momento posterior.

Transcrevemos a seguir parte de uma entrevista do *angel* Marcus Regueira:[27]

> *Pergunta*: Qual foi a inspiração que levou ao investimento na Akwan?
>
> Em primeiro lugar, mostrar para nós mesmos e para investidores institucionais brasileiros que é possível gerar retornos com *venture capital*. O futuro do Brasil passa por isto. É possível buscar altos retornos sobre o investimento e, ao mesmo tempo, gerar desenvolvimento local.
>
> *Pergunta*: Quais foram as lições aprendidas?
>
> Nossa filosofia como *early stage venture capitalists* era buscar uma saída via investidor estratégico ao mesmo tempo que transformávamos a Akwan em uma empresa razoavelmente rentável. As lições aprendidas foram:
>
> (1) governança corporativa é essencial em uma negociação desta natureza;
>
> (2) o investimento mínimo a ser considerado para o *seed money* está em torno de US$ 1 milhão;
>
> (3) apesar de a Akwan ter uma expressiva carteira de clientes, o comprador considerou, primordialmente, o capital intelectual da Akwan e sua relação com a UFMG. A tecnologia da Akwan foi considerada complementar à tecnologia da Google. Os engenheiros da Akwan foram contratados passando pela pré-admissão da Google com louvor. O que mais interessou ao comprador foi o potencial de multiplicação do talento humano.

---

[26] *Angels*: investidores (pessoas físicas) que aportam os primeiros recursos na empresa.

[27] Entrevista concedida a Arnaldo Deutscher, logo após a venda da Akwan para a Google.

ARTIGOS DE INTERESSE PARA O EMPREENDEDOR

O governo

O governo entra como a terceira hélice exercendo sua função institucional. Segundo o entendimento da hélice tripla a função do governo é promover mudanças no ambiente institucional que favoreçam a inovação e o *funding* dos empreendimentos. Neste caso os recursos financeiros foram aportados por investidores privados. Este fato não invalida a moldura teórica, pois, segundo Etkowitz (2005), se um governo regional está ausente, um outro ator pode tomar a liderança.

Os empreendedores

Esta foi uma parte interessante. Imaginem: quatro PhDs do DCC/UFMG (Alberto Laender, Berthier Ribeiro Neto, Ivan Moura Campos e Nivio Ziviani) de repente tornam-se empreendedores. Nesse momento o sucesso da experiência anterior foi fundamental. Três dos ex-sócios da Miner (Guilherme Emrich, Ivan Moura Campos e Nivio Ziviani) permaneceram juntos para a etapa seguinte, que levou à criação da Akwan.

No caso da família Miner, tratava-se de um software que permite definir um conjunto de temas de interesse, tais como notícias, livros, CDs, hardwares, softwares, medicina, direito; catalogar para cada tema um conjunto de fontes qualificadas a serem pesquisadas no Brasil e no exterior; realizar a busca conjunta em todas as fontes catalogadas e exibir respostas combinadas. A família Miner foi tema de dissertação de mestrado de Victor Fernando Ribeiro, desenvolvida sob orientação do professor Nivio Ziviani no Laboratório para Tratamento da Informação (Latin) do DCC/UFMG e concluída em fevereiro de 1998. O software, que foi lançado no mesmo mês com apenas 34 e-mails de divulgação, passou a receber 3 mil consultas/dia. O sucesso levou à criação da Miner Technology Group, e em setembro a família Miner passou a funcionar a partir dos servidores do UOL, quando então recebia cerca de 100 mil consultas/dia. Em junho de 1999 a família Miner foi vendida para o UOL.

Nesse mesmo ano, o grupo de pesquisa do DCC/UFMG vinha trabalhando em um protótipo muito mais sofisticado em termos de tecnologia. Era uma máquina de busca para a web. Em novembro de 1999 foi lançado o protótipo TodoBR, dentro do laboratório, em caráter experimental. Assim como a Miner, o TodoBR passou a receber um número muito grande de usuários, isso sem nenhuma divulgação ou campanha de marketing. Este foi o sinal do potencial do protótipo de tecnologia. O passo seguinte foi a criação da Akwan, em maio de 2000.

128 PLANO DE NEGÓCIOS: UM GUIA PRÁTICO

Coube a Ivan Moura Campos assumir o posto de diretor executivo da empresa. Um ano depois, Ivan deixaria a Akwan para assumir um cargo eletivo no Icann (*Internet Committee for Assigned Names and Numbers*), o comitê gestor da internet no mundo, e Berthier Ribeiro Neto assumiria o cargo. Sua conversão ao empreendedorismo foi uma construção interessante. Nos primeiros encontros com consultores para aprimoramento do plano de negócios da Akwan, Berthier tentava explicar, sem sucesso, os detalhes da tecnologia da Akwan. A transformação do professor que ia ao mercado explicar aos clientes o quão excelente era a tecnologia da Akwan em empresário que ia aos clientes ouvir suas necessidades e demandas levou algum tempo. Certa vez ele teria dito: "Agora estou indo aos clientes e estou ficando rouco de tanto ouvir".

Lições aprendidas

O caso Akwan é revestido de um caráter emblemático por sinalizar para os investidores a possibilidade de obtenção de retornos expressivos através do investimento nos estágios iniciais de uma empresa. Os números da negociação não foram revelados, mas, com certeza, o retorno é bastante superior ao retorno que seria obtido em investimentos tradicionais.

No Brasil, entretanto, há ainda um longo caminho a percorrer. O fato positivo é a identificação de vários elementos constituintes de um sistema de inovação. Existem hoje, no Brasil, mais de 280 incubadoras de empresas, a maior parte de base tecnológica e com fortes ligações com as universidades. Percebe-se, nos gestores destas incubadoras, a preocupação de buscar nos laboratórios das universidades os melhores talentos para tentar criar novos empreendimentos, e de iniciar esses talentos em disciplinas de gestão em marketing e finanças.

Temos também iniciativas cada vez mais maduras das agências governamentais (Finep, BNDES) e também das FAPs[28] na criação e fomento de empresas inovadoras. Recentemente as FAPs aportaram cerca de R$ 100 milhões em cerca de 100 empresas do conhecimento para inserção de novos produtos no mercado. O Fundo de Pensão dos Empregados da Petrobras (Petros) anunciou a destinação de R$ 110 milhões[29] para cinco fundos de investimento, entre eles a Fir Capital. Este fato é relevante devido ao volume total de recursos geridos

---

[28] FAPs — fundações e entidades de amparo à pesquisa.

[29] Sendo este valor 20% do fundo, esse aporte poderá alavancar fundos de investimento no valor total de R$ 550 milhões.

ARTIGOS DE INTERESSE PARA O EMPREENDEDOR   129

por esses fundos de pensão — cerca de R$ 280 bilhões — e ao impacto que novos aportes podem causar sobre a geração de novas empresas.

Por outro lado, existem empresas e setores — nos quais o Brasil tem uma forte participação internacional — que podem alavancar pequenas empresas inovadoras. É o caso da Petrobras, líder mundial na exploração de petróleo em águas profundas, que desenvolve seu programa de pesquisa e desenvolvimento (P&D) por meio do eixo Cenpes/universidades, entre elas a Coppe/UFRJ, programa este que pode servir de berço para o surgimento de novas empresas intensivas em conhecimento.

Temos, então, os elementos essenciais para a constituição de sistemas locais de inovação — universidades, empresas inovadoras, incubadoras de empresas, recursos financeiros e mercado cada vez mais demandante de soluções inovadoras. Algumas iniciativas já adquirem um caráter formal mais maduro, como é o caso do Porto Digital, em Recife. Localizado em uma área recuperada da cidade — a região portuária —, o Porto Digital conta com âncoras importantes, como o Centro de Estudos de Sistemas Avançado do Recife (Cesar) — um *spin-off* do Centro de Informática da UFPE. O Cesar desenvolve projetos inovadores e, a partir deles, faz o *spin-off*, criando e incubando novas empresas de base tecnológica nas quais é um dos investidores.

O caso da Ingresso.com: uma ideia na cabeça e um laptop na mão não bastam[30]

Ao final de outubro de 2005, a Ingresso.com foi comprada pela Submarino. Apesar da compra, a Ingresso continua existindo e funcionando dentro do site da Submarino. O ensinamento mais importante que se pode tirar desse caso é que não basta uma ideia na cabeça e um laptop na mão. É necessário construir ativos únicos e competências essenciais para gerar os diferenciais competitivos.

Palavras-chave: ativos do conhecimento, redes e articulação de parceiros.

Introdução

Ao final de outubro de 2005 a imprensa brasileira divulgou a compra da empresa carioca Ingresso.com pela Submarino, empresa nacional de capital aberto

---

[30] Artigo de José Arnaldo Deutscher, originalmente publicado na revista *Inteligência Empresarial*, n. 26.

130 PLANO DE NEGÓCIOS: UM GUIA PRÁTICO

atuando no setor de comércio eletrônico B2C (*business to consumer*). Este fato merece uma reflexão: que valor a Submarino viu na Ingresso que a levou a fazer essa aquisição?

A Ingresso era apenas uma *start-up*, iniciando ainda uma trajetória comercial. Para a Submarino a empresa representava uma complementaridade em sua oferta. Assim, a Submarino passava a oferecer, além de produtos tangíveis, com logística de entrega complicada e dispendiosa, produtos intangíveis, com uma logística de entrega extremamente simplificada para o comprador.

O produto da Ingresso é imaterial, viaja pela rede e tem um custo variável unitário de produção próximo a zero. A Ingresso.com não vende entradas para o cinema — isto você pode adquirir na bilheteria. A Ingresso.com vende conveniência.

O produto da Ingresso

> É com muita satisfação que comunicamos a aquisição da empresa Ingresso.com por parte do Submarino. A Ingresso.com é a empresa líder de vendas de entradas de cinema pela internet possuindo atualmente parcerias com as maiores empresas de cinema no Brasil, dentre elas Cinemark, Grupo Severiano Ribeiro e UCI. Adicionalmente a empresa vende entradas de teatros, shows e eventos. Esta aquisição faz parte da estratégia de oferecer o máximo de comodidade para nossos clientes.
>
> (Comunicado da Submarino à imprensa)[31]

A Ingresso.com é uma empresa típica da economia do conhecimento. Seus ativos físicos são mínimos — alguns servidores — e, com isso, consegue gerar uma receita anual expressiva. O usuário, que antes se deslocava até o cinema, enfrentava filas para comprar o ingresso e, muitas vezes, encontrava o cartaz *"lotação esgotada"*, passou a comprar o bilhete pela internet e imprimi-lo em casa. O valor desta conveniência está claro na última frase do comunicado da Submarino.

O mercado potencial da Ingresso

Em 2005 a Ingresso.com comercializou quase 1 milhão de ingressos, para uma base ativa de cerca de 150 mil clientes. O mercado nacional (venda de ingres-

---

[31] Disponível em <www.bernabauer.com/submarino-compra-ingresso>.

ARTIGOS DE INTERESSE PARA O EMPREENDEDOR 131

sos) neste mesmo ano foi de 95 milhões de ingressos. É lícito esperar que, no futuro, a Ingresso possa atingir cerca de 10% desse mercado, o que representaria cerca de 10 milhões de ingressos/ano para uma base maior de clientes. O preço que a Submarino pagou refletiu não apenas o interesse no potencial direto do negócio, mas também no *cross selling* (venda cruzada) — a possibilidade de vender produtos tangíveis nesta base de clientes. Por outro lado, a Ingresso não dispunha de capacidade logística de entrega de produtos tangíveis, o que passa agora a ser suprido pela Submarino.

A Ingresso.com e os ativos do conhecimento

O que tornou a Ingresso viável economicamente não foi apenas uma ideia na cabeça e um laptop na mão. No início do comércio eletrônico várias empresas tentaram *surfar* a onda da internet. Vários sites foram construídos vendendo os mais diferentes produtos e serviços. Alguns poucos deram certo, e a maioria fracassou. No Brasil outras duas empresas tentaram entrar no mercado de entradas para cinemas e falharam. Por que a Ingresso deu certo?

A explicação pode ser encontrada na literatura do conhecimento. No negócio dos intangíveis não basta dispor do capital financeiro, dado que as barreiras de entrada são relativamente pequenas. Segundo Teece, Pisano e Shuen (1997), é necessário possuir as competências distintivas e os ativos essenciais, difíceis de serem imitados. No caso da Ingresso existia a competência dos empreendedores, porém ela não poderia ser considerada não imitável. O que de fato propiciou o sucesso da Ingresso foi sua presença nas bilheterias dos cinemas e a articulação com os exibidores.

Jorge Alberto Reis, sócio-fundador e, posteriormente, presidente da Ingresso, relatou:[32]

> Em agosto de 1995 a empresa Interatum (posteriormente se tornaria a Ingresso. com) foi convidada a participar de uma concorrência para desenvolver software de informatização de bilheterias de cinema. O cliente era Feneec (Federação Nacional de Empresas de Exibição Cinematográfica), órgão que representa a maioria dos exibidores que atuam no Brasil. O prazo era curto e em apenas dois meses a empresa já testava a primeira versão de seu sistema em um cinema do Grupo Severiano Ribeiro. A

---

[32] Revista *Inteligência Empresarial*, n. 8, jun. 2001.

132 PLANO DE NEGÓCIOS: UM GUIA PRÁTICO

aprovação e homologação do software foram automáticas. O próximo desafio era conquistar as empresas multinacionais de exibição que começavam a chegar no país. Customizando sua solução de modo a se adequar aos padrões de exigência internacionais a empresa conseguiu conquistar as duas principais que atualmente operam no país: UCI e Cinemark. De 1995 a 2001 mais de 500 salas de exibição foram informatizadas pela Ingresso.com em 16 estados do país.

O trecho reproduzido acima nos conta o início da história. A Ingresso, apesar de ser uma *start-up* em comércio eletrônico, já era do ramo, estando presente, fisicamente, nas bilheterias dos cinemas através de seu software. Parte dos ativos necessários para construir a empresa preexistia. Somente uma empresa que estivesse presente nas bilheterias poderia oferecer a impressão do bilhete de entrada em casa sem que isto trouxesse o risco do *overbooking*. Adicionalmente, a Ingresso possuía um forte ativo de relacionamento com os principais exibidores, que reconheciam sua competência técnica. No entanto, era importante formalizar as parcerias estratégicas com os exibidores. Adiante, no mesmo artigo, nos conta Jorge Alberto:

> Desde o início do ano de 1999 os sócios da empresa cogitavam buscar apoio em uma consultoria de Plano de Negócios. Em setembro do mesmo ano foi fechado o contrato com uma empresa especializada em Plano de Negócios para empresas de tecnologia. Durante seis meses trabalhou-se na concepção do produto, mensuração do mercado-alvo, estratégia para estabelecimento de parcerias com os exibidores, análise de oportunidades/ameaças e, principalmente, investimento necessário e perfil ideal do investidor a ser buscado.

Nesta parte do relato, Jorge Alberto revela o tempo despendido na elaboração do plano de negócios. Na ocasião muitas ideias surgiam do nada, sem nenhum tipo de articulação, e planos de negócios eram criados sem nenhuma profundidade. Surgiram as *powerpoint* companies, construídas, literalmente, em cima do joelho (lap) — uma ideia na cabeça e um laptop na mão. No plano de negócios desenvolvido, a parceria com os exibidores foi considerada o mais importante ativo estratégico a ser construído. O investimento inicial e, posteriormente, a saída através da Submarino só foram possíveis graças à existência desse ativo intangível. As demais empresas que tentaram entrar neste mercado e falharam não o possuíam. O coração da estratégia foi a construção de uma

ARTIGOS DE INTERESSE PARA O EMPREENDEDOR   133

rede articulada de parceiros. Além do mercado potencial, da possibilidade de crescimento propiciada pela internet, do valor agregado do serviço prestado pela Ingresso, a rede foi considerada fundamental. Ou seja, a oportunidade existia e era clara, porém nem todos puderam dela se apropriar. Somente o detentor do ativo único, difícil de ser imitado, conseguiu ser bem-sucedido. Estes aspectos foram diversas vezes relevados por outras empresas que tentavam se posicionar no mercado de *e-commerce*. O fracasso ou o sucesso é explicado por uma palavra: articulação. Este aspecto mereceu atenção especial no artigo de Jorge Alberto.

A Ingresso.com estabeleceu parcerias que permitiram a venda de ingressos através da internet com os principais exibidores de cinema do Brasil: grupo Severiano Ribeiro, Cinemark, UCI, Espaço Unibanco, Estação Botafogo e Art Films. Todos disponibilizaram seus ingressos em tempo real desde o início do projeto. O grupo Severiano Ribeiro, maior em venda de ingressos no país, tornou-se sócio da Ingresso.com, adquirindo 10% do capital da empresa.

Conclusões

A Ingresso.com é uma empresa da nova economia do conhecimento *surfando* uma onda de descontinuidade schumpeteriana — internet. Iguais a ela muitas empresas conhecidas como pontocom o tentaram, sem sucesso. Por que algumas foram bem-sucedidas e outras falharam? Uma boa forma de examinar a questão é analisar a relação entre as *start-ups* e os *incumbents*.[33] Muitas empresas falharam porque desconsideraram o poder dos *incumbents* e a necessidade de construir as parcerias estratégicas. É muito difícil, e até improvável, que uma pequena empresa de base tecnológica se aproprie de um mercado que já tenha dono. Empresas como e-Bay, Google, Skype inovaram ao criar produtos que não existiam anteriormente. Quem era o *incumbent* no caso do e-Bay? A Amazon. com foi a pioneira e pegou o mercado desprevenido. Mesmo assim já investiu cerca de US$ 6 bilhões e está longe de recuperar o investimento. As que se seguiram, como a e-Toys, que fechou após ter investido cerca de US$ 1 bilhão, já encontraram os *incumbents* mais prevenidos. O mérito da Ingresso.com foi ter feito uma análise estratégica correta e construído os ativos de relacionamento que permitiram que ela se tornasse um caso de sucesso na internet brasileira.

---

[33] *Incumbent* — empresa que detém grande parcela do mercado no paradigma anterior.

134 PLANO DE NEGÓCIOS: UM GUIA PRÁTICO

Relatório dos capitais intangíveis[34]

Sumário executivo

Em dezembro de 2004 o Diretório Geral para Pesquisa e Desenvolvimento Tecnológico (DGRTD) da Comissão Europeia (EC) montou um grupo de especialistas de alto nível para propor uma série de medidas para estimular o desenvolvimento do capital intangível em empresas de pequeno e médio portes (PMEs). O grupo de especialistas focou seu trabalho em empresas que fazem pesquisa e desenvolvimento (P&D), ou que usam os resultados de P&D para inovar. Nesse relatório o grupo de especialistas apresenta suas conclusões, com sete recomendações para estimular o capital intangível em PMEs através de ações de sensibilização, programas de capacitação e divulgação.

Palavras-chave: inovação, capitais intangíveis, capital intangível.

Introdução: o capital intangível é o fermento da economia

O modelo contábil tradicional é baseado no princípio de custo histórico e, por esta razão, leva em conta apenas um grupo muito restrito de valores intangíveis. Olha, basicamente, para o passado e carece de visão de futuro.

O modelo do capital intangível que propomos assume uma postura complementar, incorporando em sua análise os ativos intangíveis, fundamentais para a construção de valor no presente e no futuro. A metodologia se propõe, assim, a considerar tanto os relatos históricos financeiros quanto os de capital intangível, de forma a promover maior transparência no processo de criação de valor.

Em primeiro lugar, a proposta da metodologia do capital intangível lida, antes de tudo, com as informações internas, e trata do gerenciamento e controle do negócio. Este foco interno é um pré-requisito essencial de gerenciamento para desenvolver a habilidade de comunicar, ao público externo (clientes, fornecedores, investidores etc.), o que se está fazendo. Isto é de particular importância quando a organização precisa buscar recursos em bancos ou fundos de investidores.

Um bom relatório de capital intangível, por sua vez, melhorará os processos internos de uma organização para gerenciar seus recursos totais, tan-

---

[34] Professor Marcos Cavalcanti (Crie — Coppe/UFRJ). Baseado no relatório da comissão de especialistas de alto nível da Comissão Europeia — Reporting on Intellectual Capital to Augment Research, Development and Innovation in SMEs (Ricardis).

Artigos de Interesse para o Empreendedor 135

gíveis e intangíveis. Ainda mais importante: proverá um fundamento para a melhoria da qualidade do diálogo com financistas, explanando o motivo pelo qual a organização faz o que faz e como ela está construindo os recursos e capacidades necessárias para ser bem-sucedida no futuro. O relatório de capital intangível ajuda a clarificar o caminho pelo qual uma empresa pretende alcançar vantagem competitiva e promove uma narrativa que explica tanto o posicionamento da empresa na rede de valor quanto qual é o modelo de negócio para criação de valor.

Para pequenas e médias empresas focadas em P&D (pesquisa e desenvolvimento) e inovação, é particularmente importante desenvolver habilidade para fornecer um quadro crível do que está sendo feito e por que isso resultará em sucesso no futuro. Isto é especialmente relevante para pequenas e médias empresas que, embora sejam intensivas em capital intangível, possuem menos meios do que as grandes corporações para convencer investidores sobre o valor desse capital.

O capital intangível tem sido definido como a combinação de pessoas, recursos organizacionais, relações e atividades. Ele inclui cultura, conhecimento, dons, experiências e habilidades dos empregados, suas atividades de pesquisa e desenvolvimento, rotinas organizacionais, processos, sistemas, base de dados e seus direitos de propriedade intangível, bem como todos os recursos vinculados às suas relações externas, tais como consumidores, fornecedores, parceiros de P&D etc. (Cañibano et. al., 2002). Capital intangível pode tanto ser o resultado de atividades de P&D quanto os *meios* necessários para a criação de maior valor pela organização. Esta combinação de recursos intangíveis com as atividades operacionais permite a uma organização transformar matéria-prima, recursos financeiros e recursos humanos em sistemas capazes de criar valor para os acionistas.

Os intangíveis são, assim, o fermento que faz uma organização crescer e criar valor, mas para isso eles têm que ser duráveis e efetivamente internalizados e/ou apropriados pelas organizações.

Investimentos em P&D&I (pesquisa, desenvolvimento e inovação) certamente são um aspecto importante no processo de construção de capital intangível, mas apenas isso não é suficiente. Para obter sucesso, as empresas precisam dominar ativos críticos complementares, como capacidade de formulação e implementação de estratégias de negócios, capacidade de governança ou de estruturação de redes. Um relatório que se limite a informar os gastos com P&D e recursos para inovação não é, pois, suficiente. Estes dados precisam ser

136 PLANO DE NEGÓCIOS: UM GUIA PRÁTICO

complementados com informações sobre ativos complementares cruciais, como a habilidade de pressentir e aproveitar novas oportunidades, ou a capacidade de proteger seu capital intangível.

As principais barreiras para investir em P&D e inovação por parte, principalmente, das pequenas e médias empresas podem ser agrupadas em quatro áreas:

- falta de recursos financeiros;
- falta de conhecimento;
- falta de capital humano;
- falta de governança.

Evidências empíricas mostram que estas quatro barreiras podem ser tratadas pelo relatório de capital intangível (CI).

A contribuição do relatório de capital intangível (CI)

Relatório de CI é o processo de criação de uma história que mostre como uma empresa cria valor para seus clientes e parceiros pelo desenvolvimento e utilização do capital intangível. Isto envolve identificação, medição e divulgação do capital intangível, bem como construção de uma apresentação coerente de como uma empresa usa seus recursos do conhecimento. Frequentemente esse processo conduz à redação de um *relatório de capital intangível*, no qual uma organização combina números (dados) com narrativas e visualizações, que podem ter duas funções:

- completar informações gerenciais (função de gerenciamento interno);
- completar declarações financeiras (função de relatório externo).

A principal ideia por trás do relatório de capital intangível é que dados financeiros informam sobre a performance passada do negócio, mas não contam nada sobre seu futuro. O potencial de futuro de uma empresa situa-se não dentro do relatório financeiro, mas em seu relatório de capital intangível. Criando transparência sobre o capital intangível de um negócio será possível gerenciar melhor seus recursos intangíveis, aumentando a confiança e a motivação da equipe e transmitindo maior confiança para investidores e outros acionistas sobre o ganho potencial futuro.

Os benefícios do relatório de capital intangível para pequenas e médias empresas podem ser agrupados em duas categorias. A primeira é sua função

Artigos de Interesse para o Empreendedor

potencial como uma ferramenta de navegação interna para ajudar a desenvolver e alocar recursos, criar estratégias, identificar desafios prioritários e monitorar os resultados, e assim facilitar a tomada de decisão.

Dentro de pequenas e médias empresas a necessidade de gerenciar os recursos intelectuais é ainda maior e, ao mesmo tempo, mais difícil que numa grande empresa. Dessa constatação surge a segunda categoria de benefícios, que é o potencial do relatório de capital intangível de funcionar como uma ferramenta de comunicação para o ambiente externo. Ele pode ser usado para atrair recursos — financeiros, humanos, relações com parceiros e clientes, recursos tecnológicos. Este benefício representa grande valor para pequenas e médias empresas, porque para elas é muito mais difícil e complexo atrair esses recursos.

Um relatório de capital intangível é complementar a uma declaração financeira porque apresenta importantes informações que não são encontradas no balanço patrimonial, tais como conhecimento, rede de contatos e recursos humanos. Um relatório de capital intangível é complementar ao plano de negócios dado que ele mostra *como* o valor será criado e descreve o papel dos vários componentes do capital intangível. Ele pode então prover transparência nos direcionadores de valor ocultos nos investimentos e apontar a disponibilidade (ou ausência) dos ativos complementares que são cruciais para o negócio.

Evidências empíricas mostram que o uso do relatório de capital intangível para pequenas e médias empresas pode ajudar a chamar a atenção para a empresa, melhorando deste modo o acesso a financiamentos. O relatório de capital intangível auxilia na avaliação do negócio, gerando menor variação do valor real da empresa, diminuindo assim a assimetria de informações. No longo prazo esse processo sistemático estimulará um crescimento extra na economia, porque as pequenas e médias empresas crescem relativamente mais rápido e são mais fáceis de se estabelecer do que firmas tradicionais.

Através dessa função como uma ferramenta de comunicação, um relatório de capital intangível permite que pequenas e médias empresas possam competir pelos recursos em melhores condições. Além disso, o processo de criar um relatório de capital intangível contribuirá também para um melhor entendimento do próprio negócio e para a melhoria do diálogo com investidores. Essa contribuição indireta de um relatório de capital intangível é tão valiosa quanto as contribuições diretas.

138 PLANO DE NEGÓCIOS: UM GUIA PRÁTICO

Regulamentações existentes

As regras de contabilidade existentes indicam apenas um limitado reconhecimento dos ativos intangíveis no balanço patrimonial, como pode ser visto no padrão IAS 38. Este padrão utiliza o enfoque da contabilidade tradicional, que define um ativo de tal forma que exclui "ativos" que não podem ser diretamente vinculados a rendimentos correntes. Entretanto, nessa área existem alguns modelos interessantes na Alemanha, Dinamarca e Áustria. Na Alemanha o padrão GAS12 possui uma recomendação para que as companhias discorram sobre seu capital intangível no relatório gerencial, mas isto não é compulsório. Na Dinamarca há um requerimento para que as empresas revelem, nos relatórios gerenciais, informações sobre seu capital intangível e se este é um aspecto relevante para sua atividade econômica. Na Áustria o relatório de capital intangível é compulsório para todas as universidades desde 1º de janeiro de 2006. Na Austrália a Society for Knowledge Economics (SKE) foi fundada pela Microsoft Australia e pelo Westpac Banking Corporation em 1º de julho de 2005, com o apoio do governo australiano.

O governo australiano acredita que o "reservatório do conhecimento" da economia demanda novos modelos de negócios, conhecimento gerencial e práticas organizacionais. A primeira tarefa da sociedade era desenvolver princípios-guia no gerenciamento de performance, objetivando o gerenciamento e o relatório de capital intangível. No Japão um subcomitê governamental em gerenciamento e ativos intelectuais tem proposto um novo modelo para o relatório voluntário de ativos intelectuais. Nesse relatório o comitê declara especificamente que o objetivo é chegar a um manifesto regulatório de capital intangível relativo à informação. A decisão de publicar o modelo japonês agora é motivada pela expectativa de que este "terá um grande impacto na tendência mundial. Além disso, será possível estabelecer um padrão de fato" (Subcomitê Governamental em Gerenciamento & Ativos Intelectuais, 2005).

Na Europa várias linhas de financiamento têm sido desenvolvidas para oferecer ajuda no processo de redação de um relatório de capital intangível. Essas linhas são adaptadas às circunstâncias locais e cultura de negócio, e diferem de uma para outra com respeito a sua orientação (relatório interno *versus* externo) e metodologia.

No Brasil, onde a discussão está apenas começando, seria precipitado um debate sobre regulamentos e legislação. Parece-nos que a tendência mundial é a de que os órgãos regulatórios apresentem o relatório de capital intangível como

Artigos de Interesse para o Empreendedor 139

uma recomendação para as empresas, a exemplo do que hoje é feito com os relatórios de responsabilidade social ou ambiental (cujo conteúdo está incluído na nossa proposta de relatório de capital intangível).

A estrutura do relatório de capital intangível

Segundo a nossa metodologia, os fatores de natureza intangível determinantes para a competitividade de uma empresa, região ou país estão relacionados com:

- o *capital social* — legislação, financiamento, ambiente e cultura propícios à inovação e ao empreendedorismo;
- o *capital humano* — bom nível educacional e cultural, capacidade de pesquisa e desenvolvimento, competência em *design*, tecnologias de informação e comunicação;
- o *capital relacional* — nível de confiança entre os atores, capacidade de articular e trabalhar em rede;
- o *capital estrutural* — alto nível de governança corporativa, processos e rotinas organizacionais eficientes, infraestrutura básica).

Acrescentando a estes o *capital estratégico* — capacidade de monitorar, formular e implementar uma estratégia —, temos os capitais intangíveis.

A partir dessa visão da empresa, o relatório se estrutura em três partes:

- a descrição do mercado de atuação da empresa e da sua dinâmica;
- o posicionamento estratégico da empresa (como a empresa pretende atuar neste mercado);
- a construção dos capitais intangíveis (capital social, estratégico, humano, estrutural e de relacionamento) baseada em uma análise de forças e fraquezas para dar conta das oportunidades, ameaças e da estratégia escolhida. Explicita as ações em curso e os investimentos realizados na construção dos capitais intangíveis.

No caso das grandes empresas, a novidade diz respeito apenas à terceira parte, já que em seus balanços, demonstrativos ou reuniões com os analistas de mercado, elas apresentam sua visão do mercado e a forma como pretendem se posicionar.

140 PLANO DE NEGÓCIOS: UM GUIA PRÁTICO

Nas micro e pequenas empresas, principalmente nas de base tecnológica, precisa-se desenvolver uma cultura no sentido do exercício sistemático de análise de mercado, posicionamento estratégico e definição de uma estratégia de construção de capital intangível. Em alguns países este processo é estimulado, inclusive financeiramente, por órgãos governamentais ou instituições como o Sebrae.

Nossa proposta é iniciar este debate com esta conferência. Mais do que trazer uma proposta já fechada e detalhada de relatório, queremos, com este documento, provocar a discussão. A tendência em todo o mundo não tem sido a de obrigar as empresas a seguir um modelo único de relatório, mas, ao contrário, a de criar uma cultura de valorização desse tipo de instrumento de comunicação com o mercado. Nós acreditamos que esse processo de convencimento pode ser mais demorado, porém, além de mais democrático ele é mais efetivo que a imposição através de um decreto-lei.

Referências

ALLEE, V. The art and practice of being a revolutionary. *Journal of Knowledge Management*, Edinburgh, UK: MCB University Press, v. 3, n. 2, p. 121-131, 1999.

ANSOFF, I. *Estratégia empresarial*. São Paulo: Mc-Graw Hill do Brasil, 1977.

BOUNFOUR, A. *Valeur et performance des SI*. Paris: Dunod, 2006.

BYGRAVE, W. D.; TIMMONS, J. A. *Venture capital at the crossroads*. Boston: Harvard Business School Press, 1992.

CAÑIBANO, L.; SÁNCHEZ, P.; GARCÍA-AYUSO, M.; CHAMINADE, C. (Eds.) *Guidelines for managing and reporting on intangibles*. Madrid: Airtel-Vodafone Foundation, 2002. Disponível em: <www.uam.es/meritum>. Acesso em: out. 2009. (Intellectual Capital Report).

CASAS, R. *La formación de redes de conocimiento*. Barcelona: Anthropos, 2001.

CAVALCANTI, M.; GOMES, E. B. P.; PEREIRA NETO, A. F. *Gestão de empresas na sociedade do conhecimento*. 2. ed. Rio de Janeiro: Campus, 2001.

DAVIDOW, William H. *Marketing de alta tecnologia*. Rio de Janeiro: Campus, 1991.

DEUTSCHER, G. *Ativos intangíveis*: criação de valor e avaliação. Tese (Mestrado em Engenharia de Produção) — Coppe/UFRJ, Rio de Janeiro, 2003.

DEUTSCHER, J. A. Knowledge assets valuation: relevance to innovation process in the companies. In: TRIPLE HELIX, 5., 2005. Turim, *Proceedings...* Turim, 2005. Disponível em: <www.triplehelix5.com/programme_saturday.htm>.

_____. Avaliando os capitais intangíveis. *Revista Inteligência Empresarial*, Rio de Janeiro, n. 31, 2007.

_____; RENAULT, T.; ZIVIANI, N. *A geração de riqueza a partir da universidade:* o caso da Akwan. Disponível em: <www. fundocriatec.com.br/artigo.php?escolha=11>. Acesso em: 10 ago. 2010.

142 PLANO DE NEGÓCIOS: UM GUIA PRÁTICO

_____; ZIVIANI, N.; RENAULT, T. A geração de riqueza a partir da universidade. *Revista Inteligência Empresarial*, Rio de Janeiro, n. 24, 2005.

EDVINSSON, L.; MALONE, M. *Capital intelectual*. São Paulo: Makron Books, 1998.

ETKOWITZ, H. *The bi-evolution of the university in the Triple Helix Era*. 2004. ms.

_____. Reconstrução criativa Hélice Tripla e inovação regional. *Revista Inteligência Empresarial*, Rio de Janeiro, n. 23, 2005.

FREEMAN, C. *The economics of industrial innovation*. 3ᵃ ed. Boston: MIT Press, 1997.

GOVERNMENT OF NETHERLANDS. Ministry of Economic Affairs Directorate-General for Economic Structure Technology Policy Department. *Balancing accounts with knowledge*. The Hague, Netherlands, 1999. (VOS number 25B 19a).

HARRISON et al. Intellectual capital management best practices. In: LEV, B. *Intangibles:* management, measurement, and reporting. Washington, DC: Brookings Institution Press, 2001.

HIGH LEVEL EXPERT GROUP ON RICARDIS. Reporting intellectual capital to augment research, development and innovation in SMEs. European Commission, 2006. Disponível em: <http://ec.europa.eu/invest-in-research/policy/capital_report_en.htm>.

JOHNSON, G.; SCHOLES, K. *Exploring corporate strategy*. 6. ed. New York: Financial Times Prentice Hall, 2002.

KAHN, J. At Cambridge a new age. *Fortune*, p. 60-64, Mar. 1999.

KAPLAN, R. S.; NORTON, D. P. *A estratégia em ação* — balanced scorecard. Rio de Janeiro: Campus, 1997.

KOTLER, P. *Marketing management*. 10. ed. New York: Prentice Hall, 2000.

LEV, B. *Intangibles*: management, measurement, and reporting. Washington, DC: Brookings Institution Press, 2001.

MOORE, G. *Dentro do furacão*. São Paulo: Futura, 1996.

PAVANI, C.; DEUTSCHER, J. A.; MAIA E LOPEZ, S. *Plano de negócios*: planejando o sucesso de seu empreendimento. Rio de Janeiro: Lexikon, 1997.

PENROSE, E. *The theory of the growth of the firm*. London: Basil Blackwell, 1959.

PORTER, M. *Vantagem competitiva*. Rio de Janeiro: Campus, 1986.

REFERÊNCIAS

143

_____. What is strategy? *Harvard Business Review*, p. 61-78, Nov./Dec. 1996.

_____. *Estratégia competitiva*. Técnicas para análise de indústrias e da concorrência. Rio de Janeiro: Campus, 1997.

PRAHALAD, C. K.; HAMEL, G. *Competindo pelo futuro*. Rio de Janeiro: Campus, 1995.

RAPPA, Michael. *Managing the digital enterprise*. 2010. ch. 5, Business models on the web. Disponível em: <www.digital enterprise.org/models/models.html>. Acesso em: ago. 2010.

RATH FINGERL, E. *Considerando os intangíveis:* Brasil e BNDES. Tese (Mestrado em Engenharia de Produção) — Coppe/UFRJ, Rio de Janeiro, 2004.

REIS, J. A. Ingresso.com — diversão lucrativa. *Revista Inteligência Empresarial*, n. 8, jul. 2001.

SALIM, C. S.; HOCHMAN, N. *Construindo planos de negócios*. Rio de Janeiro: Campus, 2001.

SAXENIAN, A. *Regional advantage culture and competition in Silicon Valley and Route 128*. 5. ed. Cambridge, MA: Harvard University Press, 1998.

SCHUMPETER, J. A. *Teoria do desenvolvimento econômico*. Rio de Janeiro: Fundo de Cultura, 1961.

SOUZA, Neri Tadeu Camara. Responsabilidade civil do hospital. *Jus Navigandi*, Teresina, ano 6, n. 54, fev. 2002. Disponível em: <http://jus2.uol.com.br/doutrina/textoasp?id=2638>. Acesso em: 11 out. 2009.

TEECE, D. J. *Profiting from technological innovation*. Berkeley, CA: School of Business Administration of California, 1986.

_____. Capturing value from knowledge assets. *California Management Journal*, v. 40, n. 3. 1998.

_____. *Managing intellectual capital*. Oxford: Oxford University Press Inc., 2000.

_____; PISANO, G.; SHUEN, A. Dynamic capabilities and strategic management. *Strategic Management Journal*, v. 18, n. 7, p. 509, Aug. 1997.

SVEIBY, K. E. *A nova riqueza das organizações*. Rio de Janeiro: Campus, 1997.

WINTER, S. *Understanding dynamic capabilities*. Reginald H. Jones Center, The Wharton School, University of Pennsylvania, 2002. (Working Paper).

Impressão e acabamento:

Grupo SmartPrinter
Soluções em impressão